梦想的力量

中国梦青少年读本

求真探奇之梦

QIUZHEN TANQI ZHI MENG

刘　勇
李春雨
主　编

侯　敏
姚舒扬
副主编

姚舒扬
赵　静
编　著

北京师范大学出版集团
BEIJING NORMAL UNIVERSITY PUBLISHING GROUP
安徽大学出版社

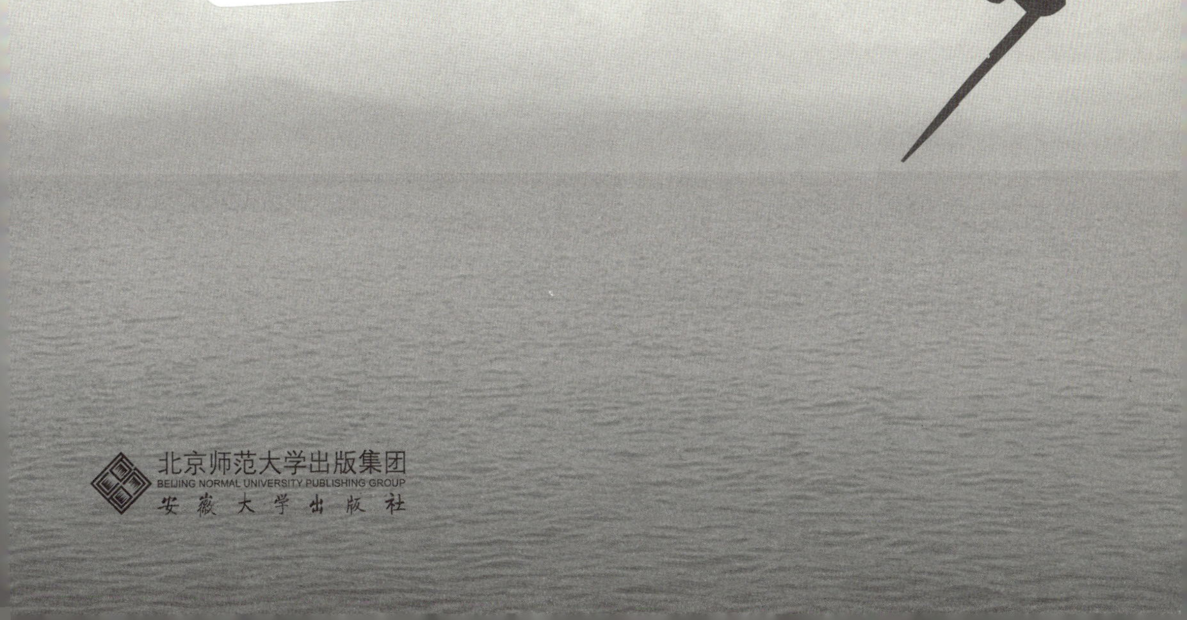

图书在版编目(CIP)数据

求真探奇之梦/姚舒扬,赵静编著.—2版.—合肥:安徽大学出版社,2014.9
(梦想的力量:中国梦青少年读本/刘勇,李春雨主编)
ISBN 978-7-5664-0850-1

Ⅰ.①求… Ⅱ.①姚… ②赵… Ⅲ.①爱国主义教育－中国－青少年读物 Ⅳ.①D647-49

中国版本图书馆CIP数据核字(2014)第219741号

出版发行:	北京师范大学出版集团 安 徽 大 学 出 版 社 (安徽省合肥市肥西路3号 邮编230039) www.bnupg.com.cn www.ahupress.com.cn
印　　刷:	合肥市裕同印刷包装有限公司
经　　销:	全国新华书店
开　　本:	170mm×230mm
印　　张:	10.25
字　　数:	98千字
版　　次:	2014年9月第2版
印　　次:	2014年9月第1次印刷
定　　价:	24.80元

ISBN 978-7-5664-0850-1

策划编辑:	赵月华　钟　蕾	装帧设计:	李　军
责任编辑:	谢　莎	美术编辑:	李　军
责任校对:	程中业	责任印制:	赵明炎

版权所有　侵权必究

反盗版、侵权举报电话:0551—65106311
外埠邮购电话:0551—65107716
本书如有印装质量问题,请与印制管理部联系调换。
印制管理部电话:0551—65106311

总 序

中国是有着五千多年灿烂历史文明的泱泱古国。周秦伟业、两汉文明、大唐盛世、宋季富士、元朝拓疆、明代兴旺、康乾胜景，历史上伟大的时代与悠久的历史文明，不仅让我们每个炎黄子孙倍感骄傲，而且令世界人民叹为观止。而时至清朝，当欧洲已经走出长达八百多年中世纪的黑暗，在文艺复兴运动，接受一系列新知识、新技术的时候；当18世纪初牛顿发现了万有引力定律、莱布尼茨建立了微积分体系、培根喊出了"知识就是力量"的时候；当英国正在大张旗鼓地进行工业革命的时候，中国却仍然沉浸在"天朝上国"的迷梦和农业经济繁荣的落日余晖之中，根本不知道世界正在发生翻天覆地的巨变。结果是中国为此付出了沉重而惨痛的代价，鸦片战争失败后所签订的丧权辱国的中英《南京条约》，使中华民族承受了巨大而空前的屈辱，于是无数的仁人志士开始为振兴中华而奔走呼号，甚至抛头颅、洒热血。从洋务运动、戊戌变法、辛亥革命,直到中华人民共和国成立,中国人民为了寻求挽救国家于倾颓的伟大梦想,走过了一段艰难曲折的历程。

五四运动是这一历程中重要的一步,成为近现代国人真正觉醒的辉煌的起点。五四运动的先驱在高扬"民主""科学"伟大旗帜的同时,将目光聚焦于文学。我们还清楚地记得,无数有识之士都不约而同地将目光集中投向了青年!五四新文学与新文化运动中最重要、最让人瞩目的刊物就叫《新青年》,陈独秀所写的《敬告青年》满含殷殷之情、拳拳之心,至今令人难忘。回想当年,陈独秀为什么要创办《新青年》?为什么要写《敬告青年》?以陈独秀为代表的那代人为什么那样关注青年?难道是因为他们心血来潮吗?难道是因为他们认为青年必然胜过老年吗?不是的!他们清醒地意识到,民族伟大复兴的梦想不是一代人所能完成的,甚至也不是两三代人就能实现的。这个伟大的使命势必要由数代青年前赴后继,不断努力地去承担、去完成、去实现!

陈独秀在《敬告青年》一文中的慷慨陈词:"青年如初春,如朝日,如百卉之萌动,如利刃之新发于硎,人生最可宝贵之时期也。青年之于社会,犹新鲜活泼细胞之在人身。"亦如梁启超在《少年中国说》中所言:"老年人常思既往,少年人常思将来。惟思既往也,故生留恋心;惟思将来也,故生希望心。惟留恋也,故保守;惟希望也,故进取。

惟保守也,故永旧;惟进取也,故日新。"这样的言辞虽然有些绝对,但却道出了青少年乃国家与民族未来希望之实质。

从晚清起到今天,心怀强国梦想的中国人奋斗了一百多年。虽然在这一百多年中,几代人前赴后继,为中华民族开辟了一条通往伟大复兴之路,但在这条复兴的道路上,还需要我们继续努力。实际上,以"中华民族伟大复兴"为旨归的"中国梦"正像五四新文学先驱者们所预测的那样:还需要几代人去实现。也就是说,还需要几代青少年去不断地努力与拼搏。所以,让青少年了解什么是"中国梦",让青少年了解"中国梦"的实现对于我们国家与民族的根本意义,是多么急切,多么重要!这就是我们出版这套"梦想的力量:中国梦青少年读本"丛书的初衷。

这套丛书,紧紧围绕着"理想信念""少年成长""教育强国""科技腾飞""文学艺术""悠悠历史""求真探奇""城乡和谐""平凡人生""走向世界"等十个与"中国梦"密切相关的主题,用许许多多生动有趣的故事,向怀揣梦想的青少年说明:"中国梦"这三个字绝对不是口号、不是空想。相反,它有着丰富的文化内涵和底蕴,它涵盖了我们生活的方方面面,彰显在历史、科技、文学艺术等各个领域。它既可以体现为伟人在其人生历程中所追求的理想信念,也可以体现为普通人在平凡的人生中所坚守的一个个小小梦想；它既可以体现为老一辈对于自己梦想的执着守望，也可以体现为年轻一代对于未来的无限憧憬。

  我们之所以把这些故事讲给青少年听，是想让青少年了解那些曾经发生和正在发生的感人故事，让他们真正体悟梦想的实现都不是一蹴而就的，而是要付出辛劳和汗水；让青少年在这些生动感人的故事的熏陶下培养自身坚强、勇敢、勤劳的优秀品质；让青少年通过这些故事反观自身，从而激发他们面对挫折时的斗志和勇气；让青少年了解什么是"中国梦"，为什么要实现"中国梦"；让青少年明白自己在实现民族伟大复兴的"中国梦"的历史进程中肩负着什么样的责任。

  "梦想的力量"在根本上来自青少年！

  "中国梦"的实现归根到底在于青少年！

刘　勇　李春雨
2014 年 1 月

目录

孤胆英雄的壮志 // 1

被"绑架"的心 // 9

"牦牛"教授 // 13

中国第一位赴南极考察的女科学家 // 18

因为山在那里 // 26

大漠有一个"刘行者" // 32

极地女杰 // 38

滚滚滔天浪,赤子弄潮儿 // 45

爱登山的"疯子"兄弟 // 51

壮士一去兮不复还 // 57

不鸣则已,一鸣惊人 // 65

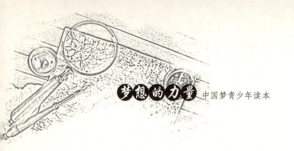

冷静的勇者 // 69

天涯丽人行 // 75

"我的偶像是赵子龙" // 83

明星的飞越梦 // 87

"穿越"构成的人生 // 93

农民娃的飞越之梦 // 101

"诗情画意"的探险家 // 106

从画家到航海家 // 111

"跑"出来的英雄 // 118

自由之魂 // 123

当过"掉头兵"的探险家 // 128

智山慧海传真火 // 136

恪守家训的哲学家 // 141

做人做事皆"本真" // 149

后记 // 155

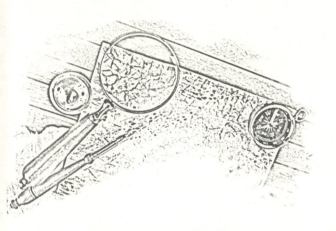

孤胆英雄的壮志

1930年春天,报纸上的一则消息轰动了中国,上海有几个年轻人组织了一个"中国青年亚细亚步行团"。这几个年轻人立志要徒步走遍亚洲。他们在宣言中说:"我们觉得时代的精灵,已在向我们欢呼,我们毫不客气地把这个伟大的重担肩负起来。我们决定以坚忍不拔的精神,从上海出发,逐步实现我们的目的。在每一个步伐中,我们要显示中华民族历史的光荣,在每一个步伐中,给社会以极深刻的印象,一直到我们预定的途程的最终点。"当时,21岁的潘德明在南京经营一家名字叫"快活岭"的西餐馆,他无意中读到了这篇宣言。从小喜欢体育活动的他,立刻被吸引了,当即决定加入"中国青年亚细亚步行团"。于是,潘德明放弃了南京的餐馆生意,乘车赶到上海。可惜,当他到达上海时,步行团已经走了好几天。潘德明随即乘车追到杭州,赶上了"中国青年亚细亚步行团"。

这一行人行经杭州、广州、海口,不到半年便进入越南,步行团的人或因难耐其苦,或因患病,相继打道回府了。到越南清化时,便仅剩潘德明一人了,他决定独自走下去,并且索性走出亚洲。那时的潘德明,或许没有"探险"的概念,这么做也并非为了满足自己的好奇心,所秉承的是"雪'东亚病夫'之耻"的信念。他就这样开始了环球旅行。

这一路,他需要独自面对种种挑战。

在科威特,他决定徒步700千米,穿越沙漠,去伊斯兰教的创始人穆罕默德的故乡麦加。曾有人劝他不要去,因为这太危险,更何况还是一个人独行呢。但潘德明不愿放弃,于是他只身进入了烈日如蒸的沙海。一天,他正头顶烈日行进,忽然见远处的沙丘上有个东西在缓缓地蠕动。他用望远镜一看,竟是一个人!他赶紧跑过去,原来是一个阿拉伯男子。这个男子已经气息奄奄,再加上烈日的烘烤,如果再不喝水就必死无疑了。潘德明毫不犹豫地将自己所剩不多的水,统统灌进了这名男子的嘴中。当这个男

子清醒过来后,潘德明才得知他是一名商人,为了找寻水源而迷了路。幸好有潘德明搭救,不然他就再也见不到自己的家人了。面对救命恩人,这个商人将刻着自己名字的指南针送给了潘德明。

告别了这个商人,潘德明继续着自己的旅程。毒辣的太阳烘烤着他,似乎要将所有的热量都传给这个向自然挑战的中国人。他渴极了,但是他一滴水也没有了。潘德明用坚强的意志坚持着,坚持着,每走一步他都拼尽了全力。但他还是倒下了,幸运的是,一支骆驼队发现了已经昏迷的他,于是将他救起。当他们得知他是来自遥远的中国的旅行家时,个个惊叹不已,称赞他是人类的骄傲。就这样,死里逃生的潘德明又信心十足地踏上了征程。

潘德明走过伊朗、伊拉克、叙利亚、以色列,然后渡过苏伊士运河,踏上了非洲大陆,到了埃及首都开罗。在开罗求学的几位中国青年,自告奋勇地充当潘德明的向导。在他们的陪伴下,潘德明瞻仰了金字塔,看到了狮身人面像"斯芬克司",游览了宏丽的阿蒙神庙。潘德明在被这些文化遗址所震撼的同时,心中不免有些伤感:这个在古代繁盛的文明之邦,现如今只是一个个旅游景点,一堆古迹而已。而作为四大文明古国之一的中国会有怎样的发展呢？

那"雪耻"的信念，再一次强烈地涌上潘德明的心头。他决定对工业发达的欧洲国家作一番实地考察。潘德明从亚历山大港乘船渡过地中海，开始了欧洲之旅。希腊首相维尼各罗斯在接见潘德明时这么说："我从你身上看到了东方古国的觉醒。"随后，潘德明来到巴黎。法国总统莱伯朗、总理达拉第等官员接见了潘德明。巴黎各大报纸竞相报道潘德明抵达巴黎的消息。莱伯朗说："潘德明先生，对于你的壮举，我想引用'法国之雄'拿破仑的一句话，'中国是一个多病的、沉睡的巨人，但是当他醒来时，全世界都会震动'。"

潘德明还特地去考察了奥运发祥地——奥林匹亚。当他到达奥林匹亚时，正值美国洛杉矶举办第十届奥运会，这也是第一届有中国人参加的奥运会，但参赛者只有刘长春一人，让人感到伤心甚至可悲的是，刘长春赛后竟因路费不够而无法回国。

潘德明在奥林匹亚，想着自己此行的目的，便在古运动场遗址旁的石柱上贴上了一张纸，上面用中文和英文写了两行大字："中国人潘德明步行到此。"在环游世界的过程中，他是一个孤胆的英雄，更是整个中华民族的骄傲！

潘德明最初的环球旅行计划是旅途结束时从日本返回中国。其时,日本国内军国主义气焰嚣张,他决定不去日本,以示抗议。回国后,潘德明把世界各地华侨捐给他的10万美元考察费用,全部捐献给了抗日战争。

潘德明,或骑车,或步行,经柬埔寨、暹罗(今泰国),过马来西亚、新加坡,先后到达印度、伊拉克、叙利亚、埃及、意大利、法国、英国、美国、古巴、巴拿马、新西兰、澳大利亚、印度尼西亚等40多个国家,于1937年7月返回上海。他在旅行中,积累了许多珍贵的资料,其中有所到之处加盖的邮戳,中外1 200多个团体和个人用世界几十种文字书写的签名和题词,包括20多个国家元首的手迹。

人类历史上,首次完成环绕地球一周的,是16世纪的葡萄牙人麦哲伦率领的船队;首次用双脚和自行车完成这一壮举的是中国的潘德明。为了纪念这位英雄,中国自行车旅游者协会的最高奖项就被命名为"潘德明骑游奖"。潘德明,这位孤胆英雄,怀揣理想,以一种别样的方式,让世界重新认识了中国。

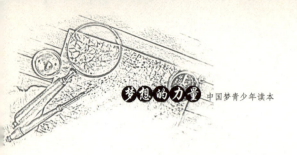

亚欧大陆 亚欧大陆亦称"欧亚大陆",是东半球北部、太平洋和大西洋间的一块大陆。因大陆分成亚、欧两大洲,故称。

✽ ✽ ✽

必须如蜜蜂一样,采过许多花,才能酿出蜜来。

——鲁迅

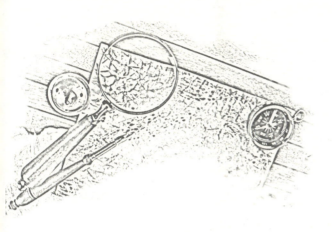

被"绑架"的心

看到"神农架"这个词,人们大多会联想到"野人"。很多人相信,在那个茂密的丛林里,有野人的神秘存在,而为了揭开野人神秘的面纱,还有一群特别的人聚集于此。他们凭借着书本上的只言片语,凭借着目击者的陈述,凭借着一些口口相传的传说,追寻着野人的踪迹。而在这个特殊的人群里,黎国华可以算得上是最顽强、最执着的探险者之一。

黎国华的探险家之梦从他孩童时期便开始做了。他的家乡在湖北宜昌,宜昌有一座并不出名的山,这座山上有一个石洞,小黎国华对这个洞产生了极大的兴趣,他想方设法地去看看那个洞里有没有人生活。这种好奇与专注让黎国华与同龄人迥异。黎国华在自己成长的过程中,渐渐明确了自己的这个特殊爱好,并树立了一个与众不同的理想,他想了解那些不为人知的"人",那些人形动物是如何生存的。

自此,黎国华一直追随着自己的梦想。成年后黎国华抓住了一个去神农架工作的机会,尽管只是当伐木工,但是他珍惜这个工作。有一次,他在神农架主峰看到了巨大的脚印,又听到工友说起遭遇野人的事情,就这样,黎国华的心彻底被野人"绑架"了。如果说黎国华对"野人"着了魔,那可一点都不夸张。之后,在神农架林区工作的30多年间,一有假期,他就跑进深山中,有时一待就是好几个月。为了追寻野人的足迹,他始终没有停下寻找的脚步……

黎国华深深地体验到了探险之路的艰辛,可他觉得那是一种幸福。黎国华曾经平静地说,他有数十次死里逃生的经历,其中被黑熊袭击是最凶险的一次。那是1980年10月的一天,他又在森林里等着野人的出现。不知不觉天暗了下来,黎国华在黑暗中继续默默地等待,甚至都不敢大声呼吸,想着野人万一出现了,可不能被自己吓跑啊!可是,没等来野人,倒是等来了一个大家伙——黑熊。当时,黎国华只听到背后有"哗啦哗啦"的声音,他回头一看,竟然是一只黑熊,吓得差点叫出了声!原本希望在"熊瞎子"面前能够蒙混过关,可没想到,这只黑熊竟然一刻都没

停留,就朝黎国华扑来!黎国华真是吓得不轻,觉得自己死到临头了。他将手电筒照向黑熊的眼睛,同时将自己的背包扔给了黑熊。被背包砸中的黑熊被激怒了,但是值得庆幸的是,黑熊将这个背包当作了对手,拼命撕咬它,黎国华就趁着这个空当死里逃生了。除了黑熊以外,黎国华还遇到过很多野兽,包括饥饿的野狼。除了野生动物们,黎国华在探险中还遇到过很多危险和意外,有一次他觉得肚子饿了,想摘点野核桃来充饥,于是他爬上了一棵高大的核桃树,爬树本算得上是黎国华的一项熟练技能,可能是这次他饿得腿发软了,竟然一个不小心,连同树枝一起滚下了山崖,摔得不省人事,幸好他的同事及时找到了他,他这才捡回了一条命。

　　黎国华将自己在神农架的见闻、对 400 余位自称野人目击者的采访以及自己多年对野人的追寻都写入了他的著作《1976~2012 我的野人生涯》中,在他的书中,他记录了自己第一次与野人邂逅,他看到的野人是:"上肢短,下肢长,浑身红毛,没有尾巴,似人似猿。"但是由于种种原因,他与野人的几次邂逅,都没能留下影像资料。野人是不是真实的存在我们还不得而知,但是,黎国华这种对梦想几十年来始终如一的追求,又有几人能做到呢?又有谁能不钦佩呢?

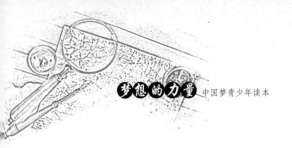

野人 野人是一种未被证实存在的高等灵长目动物,据目击者或遭遇者描述,世界各地出现的野人有相似的外形特征:直立行走,比猿类高,具有一定的智能等。

❖ ❖ ❖

人生最大的快乐不在于占有什么,而在追求什么的过程中。

——[加拿大]班廷

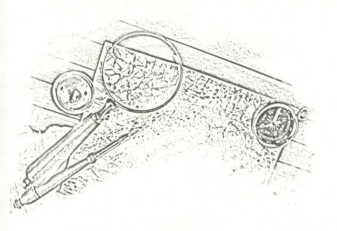

"牦牛"教授

  他是我国徒步全程考察西南丝绸之路的第一人,是研究"西南丝绸之路""茶马古道""横断山民族走廊"等领域的权威。他策划了"西南丝绸之路探险""黑竹沟科学探险"等多项活动……他用坚实的步伐塑造了一个中国探险家的坚毅形象。他说,希望自己留在西部的每一个脚印,都能长出一棵碧绿的小树。这是一个温馨而美好的梦想,怀有这个梦想的人叫邓廷良。

  自20世纪60年代起,邓廷良只身耗在雪山草地之间,曾在少数民族聚居区度过十几个春节,甚至整年不回家,人称"牦牛"教授。"牦牛有什么不好呢?没有坏毛病,就是任性一点嘛。"一辈子坚持人文科学探险的邓廷良这样自嘲。这位"任性"的"牦牛"教授,用自己的行动诠释着探险的内涵，诠释着作为一个探险家，对国家、对民族的满腔热情。

邓廷良的探险情结得追溯到他小时候。11岁那年，他去四川省的松潘找哥哥玩，他没有忙着和同龄的小朋友们一起玩，却被那里奇特的少数民族风情、茂密的原始森林所吸引。松潘在阿坝藏族羌族自治州东北部，蒙古族、土家族、白族等不同的民族也在此生活。不同民族在生活中呈现出的不同习俗，让邓廷良喜欢上了这里。从此以后，和猎户一起去打猎，探访民俗，成了邓廷良最乐意做的事情。后来，他当过教师，当过研究员，虽然吃穿不愁，但是，安逸的生活没有办法满足他，邓廷良一直渴望有机会去探寻西南横断山区的秘密。追寻梦想是不受年龄限制的，邓廷良在不惑之年作出一个"任性"的决定：徒步考察西南丝绸之路！为此，他卖掉了自己在重庆市区的一间24平方米的小屋，还搭上多年的积蓄……

"这次沿西南丝绸之路考察人文地理的探索之旅，是真正的科学考察体验。"这是邓廷良对他此次考察下的定义。这一句话说起来轻描淡写，但是考察过程却并不那么轻松。一天要走60千米的路，有时还要停下来考察民俗风情，2 000多千米长的西南丝绸之路，他走了两年。这一路上，唯一陪伴他的就只有水壶的咣当声，邓廷良说："最

孤独时,真想大声痛哭,有时候,实在受不了,就自己跟自己讲故事。"但是,邓廷良始终没有放弃,坚定地要走完那神秘的丝绸之路。这种坚毅是梦想赐予的力量吧!

　　走在丝绸之路上,翻山越岭是不可避免的。有时候,倔脾气的"邓牦牛"不相信前人对这些山脉的记载,这可让他吃了亏。1986年夏天,邓廷良徒步翻越横亘在西南丝绸之路上的第一座大山——大相岭。大相岭海拔3 300米,据当地的地方志记载,大相岭"凝冰夏结",他不信,心想比峨眉山海拔还低的地方夏天不可能有积雪,况且翻越大相岭只要走45千米的山路。基于这样的想法,他穿着背心,只带了一顿干粮就上山了。结果,山上有半尺深的积雪,山谷中的积雪更达半人深,邓廷良举步维艰。天色渐晚,而他还没能下山,只好停下来砍柴生火,在篝火旁熬过了饥寒交迫的一夜。

　　任性归任性,但是对于自己考察获得的大量文史资料,他可从来不会任性地处理。后来他写了《西南丝绸之路考察札记》《西南丝路》《丝路文化》等多部著作。"这些都是严谨的,不是随意写的。"邓廷良严肃地说。

　　对有的人来说,探险是体验生活的一种方式,而对邓廷良来说,探险是他全身心投入的崇高事业。他说:"生活是体验不到的,要认真地沉浸进去,我打石头的时候是个好石匠,打铁的时候是个好铁匠,教书的时候是个好教书匠,探险,需要你沉浸进去。"

除了探险外,邓廷良大部分时间都在高校任教。作为历史学、民俗学的资深专家,他先后在北京大学、四川大学、西南师范大学等 28 所大学讲课。他渊博的知识、传奇般的经历、幽默的谈吐,经常赢得学生们的满堂喝彩。如今,这个身材魁梧、脸上始终挂着笑容的康巴汉子,将自己的考察收获与闲情雅趣完全融入陶器制作。无论是行走在丝绸之路的他,还是站在讲台的他,抑或是那个制作陶器的他,都是那个"牦牛"邓廷良。他只不过将牦牛精神运用到不同工作之中而已。

其实探险家们都有着"牦牛"精神,因为探险之路艰辛,需要这种精神的支撑。但是,邓廷良的独特之处在于,他将"牦牛"精神用于对国家、对民族、对文化的关注。现代文明对古老民俗的影响巨大,"后来的人们,恐怕不容易理解古老传统中那些深层的内涵吧!"邓廷良说。因此,邓廷良才以不同方式努力传递着中华民族的古老文化,孜孜不倦。

丝绸之路 丝绸之路一般是指起始于古代中国,连接亚洲、非洲和欧洲的古代陆上商业贸易路线。它跨越陇山山脉,穿过河西走廊,通过玉门关,抵达新疆,沿绿洲和帕米尔高原通过中亚、西亚和北非,最终抵达非洲和欧洲。它也是一条东方与西方之间经济、政治、文化交流的主要道路。

❋ ❋ ❋

人生应该如蜡烛一样,从顶燃到底,一直都是光明的。

——萧楚女

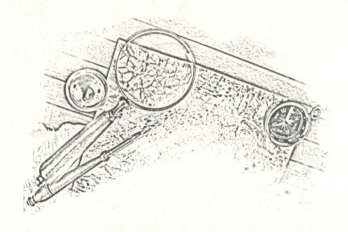

中国第一位赴南极考察的女科学家

1984年春节前夕,众多媒体的记者们会集到国家南极委员会办公室里。自从1981年国家南极委员会成立以来,其位于北京海贸大楼内的这间办公室还从没有这么热闹过。这间不大的办公室内到处都是南极的地图和图片,装在玻璃罩内的企鹅标本、放在墙角的南极服与头罩引人注目,若不是窗外那首都春节前的繁华景象,来到这里的人们恍惚间会以为自己踏入了南极科考站。记者们正簇拥着中国第一位赴南极考察的女科学家,听她讲述那一段段惊心动魄的探险故事,而这位伟大的女性就是李华梅。这个身材矮小的中年妇女,用她瘦小的身躯经受住了南极风雪的考验,为中国妇女,更为中国的极地科考事业增添了一抹亮色。

  1956年,李华梅从东北长春地质学院毕业后,在中国科学院工作。尽管她个子矮,但她很结实,无论是在运动会上还是在工作中,很多人都不是她的对手。从参加工作起,她坚持每年都到野外考察作业,足迹遍及全国20多个省、市、自治区。在穷乡僻壤考察,生活很艰苦,常常是"山当书桌月当灯,风餐露宿在树荫"。可是,她从来没有退缩过,正如她后来去南极考察一样。

  1983年11月30日,李华梅开始了她一生中最难以忘怀的32天。出发前,她曾怀着一种诀别的心情说:"这次赴南极考察,不一定还能回来。但无论如何,我一定不辜负祖国的嘱托和人民的期望!"尽管她知道自己将面临怎样的危险与困难,甚至可能会面对死亡,但是,李华梅还是带着她的地质锤,义无反顾地走向了地球的最南端。李华梅的南极之旅就这样开始了。

  初到南极,李华梅在对科考站内外一切都倍感新奇的同时,也经历着南极大陆极端恶劣的环境和糟糕气候的考验。李华梅是地地道道的南方人。南方温暖宜人,与南极的冰天雪地有极大的差别。而且此时她已经是3个孩子的母亲了,相对于自身而言,她的体质和体力也已经不处在最好的阶段了。因为怕冷,她外出必须"全副武装":厚厚的羽绒衣外罩上风衣,头戴厚帽子,脚蹬一双重达2.5

千克的大头靴,整个人乍一看就像一个笨拙的机器人。但即使里里外外地穿这么多层,她也还是觉得冷风"嗖嗖"地往衣服里钻,冻得她鼻涕直流。

尽管她以前在深山老林中生活的时间并不短,吃东西也从不挑剔,可她就是吃不惯"南极饭"。那些罐头实在不如家常饭菜可口,就连肥嫩的大虾,也因为没有佐料而腥得难以下咽。作为四川人,她做梦都想吃上一碗热乎乎的担担面。因为饮食不习惯,她的牙龈发炎了,脸颊也肿了起来。考察营地上,妇女的歇宿很不方便,亏得有新西兰和日本的几个女同行,大家挤在一个帐篷里倒也安全。但帐内冰冷,人蜷在睡袋中半天身体也暖不过来,饿狼嚎叫似的极地风声使人难以入睡……纵然如此,李华梅还是凭着顽强的毅力,忍着疼痛,身着臃肿的南极服,步履艰难地越冰川、攀险峰,继续着自己的工作。

李华梅的南极生活也有轻松片段,比如说跳进南极冰湖游泳。距著名的埃里伯斯火山几百千米以外,有一块万余平方千米的丘陵地带,呈现出罕见的咖啡色。这就是南极洲的世外桃源——"干谷"。干谷独特的地形不仅挡住了令人窒息的暴风雪,还孕育了一个湖。这个湖名叫"范达湖",尽管湖心有着厚厚的冰层,但是近岸的湖水却清澈、温暖。经过测量,科学家们发现湖底的水温竟然高达 26.6℃。

　　这天,斯科特站的全体科考人员和担任运输的后勤人员,一共十多个人,兴致勃勃地来到范达湖畔。大家看到竖立在湖边的"新西兰皇家范达站游泳俱乐部"的站标,个个兴高采烈。还没等大家伙反应过来,国外的科考人员和直升机驾驶员都竞相跳进了范达湖。下面要看中国人的了。和李华梅同行的许昌工程师是男子汉,接受这个挑战比较容易。剩下的戏得由李华梅演主角了!李华梅的心里十分矛盾。她知道在极地的酷寒区,如果脱去衣服,不消须臾便会冻成"冰棍"。范达湖虽属极地"桃源",但湖心还结着厚冰,而且她也不习惯在众目睽睽之下脱衣下水。但她清楚在这种情况下自己绝不能示弱,何况,同行们都以期待的眼光敦促着自己。她一咬牙,匆匆脱去南极服,只剩下一身衬衣裤。连水温都不试一下,她就一头钻进湖水之中。一分钟以后,她笑吟吟地上了岸,同行人也投来赞叹的目光,李华梅在俱乐部的留念簿上写道:"中国第一个到南极的妇女——李华梅。"新西兰皇家范达站游泳俱乐部的负责人当场向她颁发了一枚奖章作为纪念。那枚圆形的丝织奖章上面有"南极范达游泳俱乐部1983～1984"的字样,中间有爱斯基摩狗和绿色湖面的图像。之后李华梅风趣地说:"那时我已七八天没淋浴、洗脚了,正好身上痒得很,跳进冰水洗个澡,可安逸得很哩!"

李华梅在南极进行科考工作期间,每当看到其他国家的科考工作取得迅速进展时,总会产生一种紧迫感。一次,李华梅在曼尔斯谷采集岩样时,看到美国科学家用机械采集岩样,不多时便钻挖出8米完整的圆条状岩芯来,相比自己一锤一锤采集出的不规则的岩样,她在感到焦急的同时,更是不顾疲惫地投入到工作中。"别人一分钟做的事情,即便我们要用十分钟、一个小时,甚至一天也要做好!虽然我们暂时还无法追上其他国家的科考水平,但只要加倍努力,有一天就会与他们齐头并进,甚至超越他们!"李华梅深知自己身上的责任重大,知道自己这样一点点挖掘的样本,除了自己研究需要外,其他专业研究人员也需要。所以,她尽量多挖掘、多采集、多携带。尽管艰苦的生活和恶劣的气候折磨得李华梅又瘦又黑,但她回国时却带回了比她体重重得多的70千克岩样标本。

李华梅曾说:"在人类向地球上最后一块未开发的大陆进军中,我们10亿人口大国绝不能是个落伍者。近几年来,我国科学家在南极进行了气象、冰川、地球化学、地质地貌、海洋生物、海洋物理、海洋地球物理和建筑等专业的考察,这仅仅是万里征途的起点。我愿意为南极洲的开发贡献毕生精力。"这就是李华梅,一个为中国的极地科考事业的发展,不畏艰险的中国妇女!

知识链接

南极长城站 南极长城站是中国在南极建立的第一个科学考察站,于1985年2月20日建成,站址设在乔治王岛南端的麦克斯韦尔湾,为常年越冬站。中国因此成为世界上第18个在南极洲建立科学考察站的国家。

❋ ❋ ❋

燧石受到的敲打越厉害,发出的光就越灿烂。

——[德]马克思

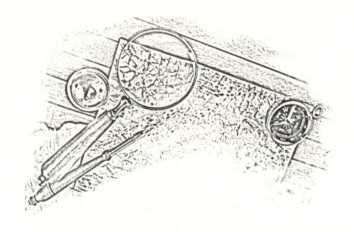

因为山在那里

王勇峰在 11 年中,完成了中国人首次登上世界七大洲所有最高峰的壮举,达到了一个登山者所能达到的最好水平!英国著名的登山家马洛里曾经说过一句话:因为山在那里。而这句话也诠释了王勇峰登山"成瘾"的行为。

王勇峰小时候和很多小男孩一样,一疯闹起来就停不下来,经常闯祸。但是他的爸爸不用教训解决问题,而是"激将"他说:"是男子汉,就每天用冷水洗脸,去长跑,去爬山!"如果生活在别的地方,爬爬山、看看风景倒是一种享受,偏偏王勇峰的家乡在内蒙古集宁,那可是一个冬天的气温能到零下 30℃ 左右的地方。为了成为男子汉,小王勇峰就每天长跑 5 000 米,有空就去爬山,锻炼自己的体

魄。这样日复一日,他不但顺利地长成了男子汉,还在爬山的过程中爱上了登山。

对他而言,登山的魅力不可挡,因为虽然目标确定,但是在攀登过程中总会发生许多不可预知的事情。如今,他可以如数家珍地说出不同山峰的不同风貌:世界最高峰珠穆朗玛峰显得雄伟壮观;南极洲的最高峰文森峰显得非常遥远;北美洲的最高峰麦金利峰非常险峻并且随天气的变化更显残酷;南美洲的最高峰阿空加瓜峰富有异国情调,欧洲的最高峰厄尔布鲁士峰特别开阔舒适,非洲的最高峰乞力马扎罗山的乌呼鲁峰显得异常浪漫。

虽然王勇峰爱着那些各具特色的山峰。但他曾说每次下山后,地面上的每一棵绿草都会让他感动,有时会很想紧紧拥抱一棵大树,甚至觉得在街上骑自行车的人都是幸福的。这种感觉并不是人人都能够体会到的,唯有那些经历过生死考验的人才会有。但也正因危险与挑战并存,登山在他眼中才更具魅力。

王勇峰永远都不会忘记他第一次遭遇雪崩时的情形。那是1984年,还在上大学的王勇峰参加了学校的登山队,教练领着队员们登海拔6 268米的阿尼玛卿雪山二峰。那天的天气很晴朗,队员们一路攀爬。突然,没有任何预兆地,在他们行进到海拔5 700米的时候,随着一声巨响,雪崩发生了。教练大喊:"雪崩,快跑!"一时间,所有的队员都以最快的速度转身向后跑去。但是雪浪瞬间翻滚而来,而且在很短的时间内,连续发生了两次雪崩。王勇峰说人在那种情况下是忘记了恐惧的,"雪崩发生在那么远的地方,但一眨眼的工夫就已经到你面前了,雪崩过后人会被冻得很难受,那种冷让你觉得自己已经承受不住了,但还要继续走下去。"那一年他21岁。他学会了坚强,学会了不怕困难,因为他要攀登高峰。

1993年,王勇峰登珠穆朗玛峰的时候也不止一次面临生死的考验。那次王勇峰成功地登上了峰顶,可是,在他下山的时候出现了险情——他随身携带的氧气已经用完了,而且他的体力已经耗尽,极度疲劳。这样的情况要怎么下山呢?但幸好登山的不止他一人,他的队友将自己的氧气瓶递给王勇峰。可因为没有一点力气了,王勇峰竟失手将这瓶氧气掉下了山崖。王勇峰紧张极了,有那么一瞬间,他甚至万念俱灰。但他转念一想:"既然我到了峰顶,就得想办法回去。"王勇峰从海拔8 700米到峰顶仅用了4个小时。而当他回到突击营地帐篷的时候,已将近晚上8时,用了近7个小时。

　　这将近 7 个小时的下山过程中,王勇峰再次遇险。当时王勇峰的冰爪挂住了铝梯上的小孔,被倒挂在铝梯上。其他队员已经不见了踪影,没有人知道他是如何脱险的。就连王勇峰自己,也不记得是如何让倒挂着的自己重新回归"正轨"的。这一切,就算是一个奇迹吧! 耗尽体力的他,咬紧牙关,终于挪到了营地。但此时王勇峰并没有觉得激动,反而觉得紧张。他担心营地是一个"空壳",不但进不去,而且还没有氧气可以补充。如果这样的话,他就真的再也下不了山了。但是,幸运的是,营地不但没有锁门,而且还备有充足的氧气。而这段时间,对于在山下等候他的人来说,简直是度秒如年。大家与王勇峰失去了联系。所有人都希望时间走得慢点,不要走得这么快,如果时间就这样一分一秒地过去,又得不到王勇峰的消息,只能意味着雪山留下了这个儿子。10 时 30 分,就在一切好像没有希望的时候,海拔 8 680 米的突击营地上,一个晃动的小黑点出现在望远镜里。"王勇峰活着,王勇峰活着!"人们哭着,喊着。

　　他回忆道:"由于吸了氧气,我的体力已稍有恢复。但是,当时我仍然面临着一个极大的危险,那就是迷路。下山的路早已被积雪覆盖,一个人走是很容易迷路的,而且

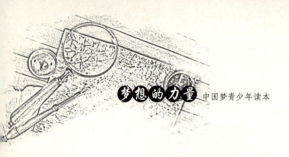

一旦迷路就会走到异常陡峭的北壁,根本下不去,也绝无力气再返回原路。靠着经验,更靠着运气,我终于回到了5号营地。"

回到北京,王勇峰连家都没回,就直接被送进了积水潭医院。他右脚的3个脚指头严重冻伤,只能截去了。他被推进了手术室,他的妻子一直在一旁默默地掉眼泪。她说:"用什么荣誉换这3个脚指头我也不愿意。"这个时年30岁的登山家从此成了残疾人。但在王勇峰自己看来,这一切都值得。

虽然王勇峰总是轻描淡写地说起自己那些充满危险的经历,但他早已成为诸多登山者心目中的超级偶像。那时,王勇峰也有一个心愿,就是参与奥运圣火珠峰传递活动。如今梦想已经成为了现实,对曾笑谈"登山就像出差"的王勇峰而言,这次护送圣火登顶,无疑是他人生中最重要、最光荣的一次"出差"。虽然早已了却了心愿,但是王勇峰并不愿意停止他攀登的脚步,因为山在那里。

知识链接

雪崩　雪崩也叫"雪塌方""雪流沙"或"推山雪"。当山坡积雪内部的内聚力抗拒不了它所受到的重力拉引时，便向下滑动，引起大量雪体崩塌，人们把这种自然现象称作"雪崩"。雪崩还能引起山体滑坡、山崩和泥石流等可怕的自然现象。因此，雪崩是积雪山区的一种严重自然灾害。

❋ ❋ ❋

但愿每次回忆，对生活都不感到负疚。

——郭小川

大漠有一个"刘行者"

每当有人问刘雨田下一个目标时,刘雨田的回答总是:"准备近期出发,我是行者,不论条件好坏,我必须在路上。"是的,经过短暂的休息,刘雨田又要出发了。这个"刘行者"并不像"孙行者"一般,只需翻一个筋斗就能到达目的地,他的每一步,都是靠双脚走出来的。

1987年4月11日,刘雨田第一次向塔克拉玛干沙漠发起挑战。在此之前,虽然他已经成功穿越了巴丹吉林、腾格里、毛乌素、库木勒克等几个沙漠,积累了一定的沙漠探险经验。但"塔克拉玛干"在维吾尔族语言中的意思是"进得去,出不来",一向有着"死亡之海"之称,所以,刘雨田将面临不曾经历的生死考验。

向导把刘雨田领至这次探险之旅的起点。此时,广袤

的沙漠显得那样静,静得让人害怕。按照计划,翻译、向导等人只能送刘雨田到这里了。临别时,向导拉着刘雨田说:"回去吧,前面根本没法走了!靠走,人是过不去的,永远过不去,现在有飞机、有越野车,你干吗还要一个人去送死呢?"可是刘雨田没有丝毫犹豫,说:"开弓没有回头箭。我的人生价值就在于探险,没有危险就没有探险的可贵,你们的好意我心领了,路还得走下去!"向导要将骆驼送给他,有了骆驼,在沙漠中生存的概率会大一些,却也被他拒绝了。他要用自己的双脚去走探险路上的每一步。

　　刘雨田从于田进入塔克拉玛干沙漠。开始的路,是沙子铺成的"平原",每走一步,脚都好像要被沙子吸进去一样,陷得很深。走着走着,肆虐的狂风将"平原"变成了凹凸不平的沙丘和洼地,路就更难走了,时而上坡爬行,时而连滚带爬地下滑,极为耗费体力。烈日徘徊在头顶,脚下的沙子滚烫,这时候鞋底竟如没有一般,脚被烫得生疼。刘雨田不敢坐下休息,因为一旦歇下来就再也走不动了。

　　那些天,刘雨田一天仅能走两三千米的路,但实际前进的距离只有一半,因为他要将相机、胶卷、睡袋、干粮和水等70多千克的物品分批向前运。虽然行进的速度慢,但有水、有食物,生存还不是问题。

　　可是,一切都来得那么突然!那天晚上,他准备在一

棵高大的胡杨树下露宿。可他在生火做饭的时候,不慎将方圆几千米内这棵唯一的胡杨树烧着了。刘雨田毫不迟疑地将他携带的保命水向燃烧着的树身倒去,他要用仅剩的生命之水来扑灭火苗。一棵胡杨也是一个生命啊,它在这沙漠中拼劲了全力生存,刘雨田不舍得它就这么死掉。直到水桶里再也流不出一滴水的时候,他才猛然想起40千克的保命水已用光了。火虽然被扑灭,但刘雨田也不可能继续前进了,他脑子里顿时一片空白……面对这残酷且令人绝望的现实,刘雨田只有选择撤退。1987年5月15日上午9时45分,刘雨田开始向南撤退,可是即便是往回走,又到哪里去弄水喝呢?活下来的概率,变得越来越小了。

此时,一贯刚强、从不向困难低头的刘雨田,觉得自己已濒临崩溃。他花了半天时间从一棵沙棘下挖出了一些水,灌满了水壶,但按一天消耗2.6千克计算,他挖出的水仅可维持11天,靠这点水是走不出沙漠的。

此时,刘雨田的身上满是伤痕;皮肤已经不再是健康的肤色,而是黑中泛着枯黄;指甲一碰就断了。他出发前穿的整洁的运动衫成了布条,哪里还看得出是什么颜色。只有他的帽子上的"中国"二字依旧耀眼。

5月18日,天晴,热得可怕。下午3时左右,刘雨田在一棵树下休息,忽然一阵凉风吹来。刘雨田高兴地想,

这下可好了,只要一刮风,就会凉快一些,要是能再下点雨就更好了。谁知他站起来一看,远处地平线上黄沙滚滚。刘雨田一惊:沙暴!这真是雪上加霜,刹那间,天地一片昏暗。他头上的帽子如柳叶般被风卷去了,水桶也"叮叮当当"地被刮走了。紧接着,天空响起了雷声,泥沙夹杂着豆大的雨点扑面而来。他赶紧用绳子把背包紧紧拴在胡杨树上,自己也闭上眼睛,紧紧地抱住树干,唯恐狂风将自己裹挟而去。没想到几分钟后,风势渐渐地小了,刘雨田缓缓睁开眼睛,发现这场沙暴竟然就这样匆匆地过去了,自己捡回了一条命。

可还没来得及庆幸自己的重生,他就发现,狂风吹没了骆驼的蹄印。之后的8天8夜,他只能在沙漠中彷徨。刘雨田一步步地深入沙漠腹地,周围越来越荒凉。由于严重缺水,他身上被烤出泡来,腿部已有6处绽开,伤口钻心地疼。最艰难的时候,刘雨田每小时只能走630米。水快用完了,路程才走了三分之一。为了活命,他开始喝自己的尿,第一次,他把尿端到嘴边又含泪泼掉了。不久他又重新接了尿,闭上眼睛喝下去。很快,连尿也没有了。没有食物,他在骆驼粪上抓苍蝇、蚂蚁、甲壳虫和四脚蛇吃,沙漠中含水的动植物都成了刘雨田捕食的对象。一次他看到一只小小的四脚蛇,沙漠中的四脚蛇呆头呆脑的,不知躲避。刘雨田逮住它后,急不可待地将蛇皮剥下,把蛇肉送到口中,他顿觉一股甘甜滋润了干渴的喉咙……后来刘雨田对人回忆说:"苍蝇好吃,有淡淡的甜味;蚂蚁难吃,骚得很;蜘蛛吃了,没啥感觉。"

刘雨田,这个出发前体重71千克的汉子,此时仅剩52千克。当他终于看到克利雅河时,知道自己得救了,但这也意味着自己第一次穿越塔克拉玛干沙漠失败了,因为以他此时的身体状况是不可能再前行了。克利雅河,这条由于田县流进塔克拉玛干沙漠的河流,成了刘雨田的救命恩人和他第一次穿越塔克拉玛干沙漠失败的宣告者。这次失败,使他明白了跟沙漠"打交道"的最佳季节并不是夏天。当年10月25日,他再次从于田出发,进入塔克拉玛干沙漠,于次年2月7日到达库车,行程600千米。这是人类首次成功穿越"死亡之海"。1988年12月25日,他又一次从和田进入塔克拉玛干沙漠,于次年2月到达阿克苏,再次征服"死亡之海"。

新疆民族作家段志远这样描述刘雨田:"勇者的世界是一个博大的世界,面对这位超越生命的巨人,也许我们永远无法抵达他的内心,也许永远不能像他那样感悟大自然传递给人类的伟力和启示。但可以肯定的是,真正的探险者永远面临挑战和诱惑,对于生死、成功、失败,刘雨田

似乎早已置之度外,他说作为一名探险家,他的行为是民族的,并在此范围影响世界。"在对未知事物的探索中,刘雨田自觉地肩负历史的使命,一刻也不愿意停下前进的脚步,虽然他在严酷的探险活动中伤痕累累,但他从没后悔过、放弃过,也正是这种坚持使他获得了更多的生命体验,实现了自我超越!

塔克拉玛干沙漠 塔克拉玛干沙漠是中国最大的沙漠,整个沙漠东西长约1 000千米,海拔840~1 200米,总面积达33.76万平方千米,富藏石油、天然气等矿产资源。

❋ ❋ ❋

既然选择了远方,便只顾风雨兼程。

——汪国真

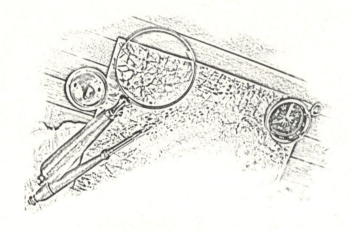

极地女杰

　　李乐诗,这个温婉的名字充满了诗情画意,在想象中,这该是一个生于书画世家的柔弱女子,或许还来自江南。但其实这个名字的主人勇敢、坚强、刚毅。李乐诗出生在香港,曾荣获电影金马奖,她还踏上过南极、北极和珠穆朗玛峰,成为香港第一位勇闯地球"三极"的女性。

　　1995年4月,中国首次大规模、多学科的北极科学考察队,在经过了一年的精心筹备,包括极严格的队员筛选、艰苦的模拟训练之后,终于踏上了漫漫的北极征程。在这支以男子汉为主,充满阳刚之气的科考队伍里,李乐诗的身影格外引人注目。她身着鲜红的防寒衣,脚蹬厚重的防滑靴,头戴印有"中国"字样的绒线帽,一副大墨镜后面是

一双真诚的眼睛,黝黑的皮肤充满了活力。看上去,李乐诗似乎没有丝毫的紧张,反而是一副充满期待的样子。

在北极,李乐诗住的是冰屋,洗脸用的是雪,吃的基本是乏味的罐头食品,食品匮乏时,只能以海豹肉来充饥,生活十分艰苦。但是,李乐诗已顾不上讲究这些,她要赶紧学会在极地中生存,在危险中生存。在极地生活中,最可怕的莫过于遭遇冰裂。冰裂时,裂缝一直延伸几十千米,巨大的冰块受到挤压收缩,又会把裂缝埋住,形成几米高的小冰山,让人来不及逃离。

一次,李乐诗一行人在冰上扎营,只听帐篷外狂风如魔鬼似的撕裂天地地狂号,十分恐怖。极地猎人们不时地砌大冰砖来压帐篷,李乐诗蜷缩在雪橇上久久不敢入睡。迷迷糊糊地看到两位猎人紧张地忙碌着,神情十分严肃。突然,风声之中好像夹杂着冰裂的声音。李乐诗早就听说过冰裂的厉害,这让她一下清醒过来。大家迅速而紧张地穿衣,起帐篷,15分钟内便离开了他们安营扎寨的地方。身后的雪地响起了"噼噼啪啪"的声音,格外瘆人。狗拉着雪橇一路狂奔,李乐诗坐在雪橇上偷偷回头一望,冰山正在移动,冰裂还在扩大!紧鞭快赶,过了几个小时,他们才算真正到达了安全地带。李乐诗在紧张之余,却不禁微微一笑:这可不是人人都能感受到的惊心动魄啊!

1999年夏天,中国又派出一支科学考察队挺进北极,这一次科考队的任务是对北冰洋及其邻近海域进行为期71天的考察。李乐诗也在这支队伍中。虽然时值北半球的夏季,可是北冰洋上的气温仍旧在零下5℃左右,海水表面温度也在零下1℃左右。到达北极后,北极科考队组织了一次"畅游北冰洋"的活动,李乐诗也报了名。作为8名游泳者中唯一的女性,她被戏称为"何仙姑"。当她从北冰洋游出来后,对记者说,感觉好极了!记者问:"请问您今年多大?"李乐诗一边笑一边说:"一百的一半。"没想到,她竟是这8个人中年龄最大的一位!

在北极科考时,李乐诗总是披着一头清汤挂面式的头发,身穿中性服装,和队员们混在一起。但是,就在北极科考最后一天的晚餐时,这位平常总是中性装扮的李乐诗竟然穿了一件具有旗袍风格的上衣,而且色彩明艳。这让她在队员中间显得格外艳丽、醒目,队友们先是一愣,继而为她鼓掌喝彩。他们知道,这位心思缜密的女极地科学工作者在以一种特殊的方式和队友们告别。

在有的人看来,极地是个白色的世界,冰川和白雪单调、刺目、乏味,而在李乐诗眼中,这白色世界蕴含丰富。她说:"这种白,显示出一种极不一般的自然美和艺术美,

也包含了许多人生的哲理。"正是这无边无际的白色,对李乐诗产生了一种不可抗拒的吸引力。现在,世界许多科学家在南、北极艰苦考察,就是为了让世人知道,应当了解大自然,应当保护绿色环境,应当承认和尊重白色力量。而"白色力量"这一概念是由中国的极地女探险家李乐诗正式提出来的!

　　李乐诗,这个中国女子在 20 世纪后期留下的故事,让自己成为一个传奇的同时,也为 20 世纪中国妇女的自强不息、勇于追求梦想做出了最好的诠释。

金马奖　　金马奖即台湾电影金马奖,是中国台湾地区主办的电影奖项,创立于 1962 年。它与香港电影金像奖、大陆的中国电影金鸡奖并称为华语电影最高成就三大奖,是华语电影圈中历史最悠久的奖项,也是华语电影圈唯一不设地域限制的奖项。

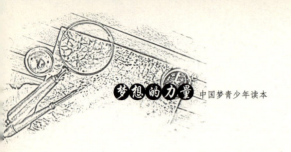

✽ ✽ ✽

不要让任何人告诉你:你的梦想不实际。梦想的目的不是为了实际,而是为了给你的人生带来意义和快乐。

——李开复

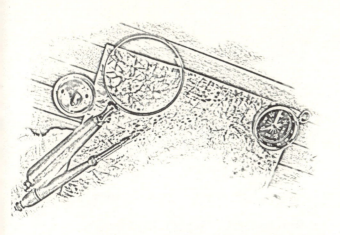

滚滚滔天浪,赤子弄潮儿

"滚滚长江东逝水,浪花淘尽英雄"。古往今来,多少英雄豪杰寄情长江,多少文人骚客吟咏长江。作为哺育华夏炎黄子孙的母亲河,向来以激流险滩著称的长江一直都是人类渴望探索和征服的对象。无数职业探险家、老到的水手、有经验的赶漂人都希望自己可以完成漂流长江的壮举。而令人想不到的是,中国第一位,准确地说,世界第一位漂流长江的却是一名普普通通的摄影师,他的名字叫"尧茂书"。

许多人猜测,尧茂书一定是一名壮士,孔武有力,结实高大。但是实际上,尧茂书温文尔雅,朴素执着,看起来就像是一名书生。尧茂书生在四川乐山,长在钟灵毓秀的嘉州,从小就沐浴着大自然的神韵。儿时,《鲁滨孙漂流记》

《格兰特船长的儿女》是他的最爱。他一直对大自然的未解之谜和大江大河充满了热爱,从小就立下了搏击长空、遨游天地的宏愿。正是在这种愿望的激励下,长大后的尧茂书成了一位用镜头捕捉自然的摄影师。他最喜欢做的事情就是背着自己心爱的照相机,走遍祖国,拍摄下最美的山河景色。

但这还没有满足尧茂书探究的欲望,他希冀有一天能够到河流、海洋上去,看看那里的风景。随着年龄的增长、阅历的加深,尧茂书逐渐对漂流长江产生了兴趣。1979年,年轻气盛的尧茂书看到日本探险家植村直己只身一人完成了对亚马孙河和北极探险的消息之后,更是下定决心要漂流长江!

说来也巧,在尧茂书准备的过程中,美国探险家肯·沃伦正式向中国政府申请漂流长江。这深深刺激了尧茂书,他认为长江是中华民族的母亲河,应由中国人来完成长江的首次漂流;而作为一名炎黄子孙,自己有能力和责任担负起这样的任务。执着的尧茂书,充满了中国人独有的韧劲和绝不服输的劲头,在掌握了有关长江各段的地质、水文、气候、风土人情等详细资料之后,于1985年6月中旬开始了他的漂流长江之旅。

漂流长江不仅是一项运动,更是一场人与自然的博

弈,生与死的较量。在离开家乡的前一晚,尧茂书跪在父亲的面前,和哥哥尧茂江一起告别父亲。在最开始的阶段,尧茂书和尧茂江并肩作战,乘着"龙的传人"号橡皮艇,在长江上游颠簸。众所周知,长江源头水浅汊多,橡皮艇根本无法正常行驶,尧氏兄弟常常得在冰冷的河水里推着橡皮艇前进。由于缺乏维生素补给以及高原紫外线的强烈照射,这兄弟二人的嘴唇早已经没了来时的红色,脸庞也黯淡无光,眼睛里布满了血丝。好在在这段日子里面,兄弟两个人可以交流聊天,互相鼓励,得以完成了最为艰险的前半段漂流。6月24日,兄弟二人不负众望,完成了浩浩汤汤300千米的沱沱河漂流。这个时候哥哥尧茂江的假期已结束,他不得不带着第一批成果——18本彩色胶片和几十筒胶卷,告别弟弟尧茂书回到家乡。哥哥的离开对尧茂书意味着以后的孤独、寂寞要自己一个人扛了,意味着自己要只身一人漂长江了。

尧茂书在日记中写道:"在漂流过程中最不能忍受的,是一个现代人孤身进入无人区所遭受的寂寞的痛苦,有时我简直要发疯……上游气候恶劣多变,河道复杂。水浪、冰雹、雨雪交替打进舱内,我几乎整天泡在湿淋淋的船舱内划行。天黑露宿,头一件事就是晾被子和衣服。一遇到有人的地方，我最大愿望就是烤一烤火。"如果说环境的阴冷和潮湿还是尧茂书可以忍受的，那么无人交流，无法排解内心的孤寂，才是令他最痛苦的。努力克服内心的恐惧和压抑，他和他的"龙的传人"号橡皮艇一直行进在一望无际的长江上。

在独自漂流了一些日子之后，7月3日，橡皮艇行驶到通天河区域，真正进入了万里长江的第一个峡谷——"烟障挂"。所谓"朝生暮死"，尧茂书在这里有了确切的体会。就像他日记中记载的，他甚至不知道自己能活到什么时候。面对危机重重的大自然，他除了殊死搏斗，没有任何办法。尧茂书在日记中写道："在船上选好角度，拍了照。只听前面水声大吼，我吃惊不小，匆忙系好机子，躲也来不及了，只见波浪排山倒海向我压来……我奋力划桨，越过浪峰，又陷进浪谷，一个几米高的飞浪对着船首劈来，我心想'坏了！'波浪涌进船舱里，将我一身打湿，舱中积满了水。我拼命划桨，脑子里只有一个念头：'翻过浪'。"正是靠着顽强的意志，尧茂书成功地穿越了一个又一个峡谷。

那段日子中他躲过惊险的泥石流，逃过如万马奔腾的峡谷激流，甚至仅靠一把短短的匕首与群狼对峙，屡次命

悬一线。有一次他上岸拍摄沿途风光，一头棕熊占据了他的橡皮艇，将艇上能吃的都吃了，不能吃的都扔入江中。哭笑不得的尧茂书只好饿了两天肚子，直到遇到游牧藏民，买了糌粑和牛肉干才得以果腹。面对如此种种，尧茂书总说"忍一忍就过去了"。

天有不测风云，人有旦夕祸福。7月24日之后我们再也读不到尧茂书的日记了。他在漂行了1 270千米后，于金沙江段触礁身亡。仅留下一条橡皮艇、一本日记、一部相机残骸而已。

尧茂书孤身一人，为了心中的理想，首漂长江，以漂程6 380千米、落差54米，刷新了日本著名探险家植村直己在亚马孙河创造的漂程6 000千米、落差30米的世界纪录。他沿途考察、记录山川风貌、风土民情、生态资源等。这些记录翔实、生动，足以拍摄出一部优秀的电影，出一本图文并茂的沿途行记。尽管这一切尧茂书再也看不到了，可他的精神引领着心怀理想的中国人不畏惧艰难险阻，攀越一座座高峰，跨越一条条河流，不断前进。

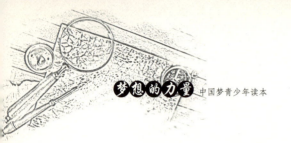

植村直己 植村直己于1941年出生于日本,毕业于日本明治大学,探险家、登山家。曾先后成功地攀登上欧洲、非洲、南美洲和美洲的最高峰和珠穆朗玛峰。1984年在麦金利山遇难。

※ ※ ※

人生的价值,即以其人对于当代所做的工作为尺度。

——徐玮

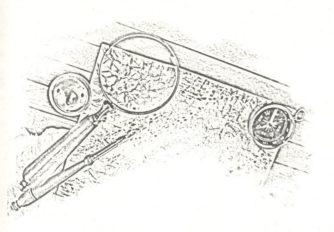

爱登山的"疯子"兄弟

2006年4月26日,珠穆朗玛峰登山队的随队记者踏入珠峰大本营的第一时间,就写下了自己对这里的感受:"这里就像月球一样,没有任何植物。这个地方只有四种动物:第一是登山的疯子;第二是运输物资的牦牛;第三是满天飞的、一种很像乌鸦的鸟;第四是偶尔见到的藏羚羊。"而这位随队记者主要采访的对象就是一对爱登山的"疯子"兄弟——金飞彪和金飞豹。这一年,金飞彪46岁,金飞豹43岁。

早在20世纪80年代初,这兄弟俩就开始共同攀登高山。他们共同经历了多次登山探险:1982年,攀登云南轿子雪山并登顶;2004年7月,攀登新疆慕士塔格峰;2005

年9月,登顶世界第六高峰、海拔8 201米的卓奥友峰。而金氏兄弟与珠峰结缘,是从1996年金飞豹策划的"擦亮珠峰"大型环保活动开始的。在那次活动中,金氏兄弟带领着80多名队员来到珠峰大本营,清理了几十年来世界各国登山者留下的垃圾,还在珠峰大本营立了第一块环保石碑。当时,金飞彪、金飞豹兄弟俩就有了攀登珠穆朗玛峰的愿望。

2006年5月13日,金氏兄弟向珠峰进发,经过艰难的攀登,他们按照计划来到了海拔8 300米的突击营地。短暂的休整后,他们在5月14日凌晨2时15分出发,向珠峰发起最后的冲击。从安全角度考虑,两个人不适宜一起登山,所以这兄弟俩约定好在珠穆朗玛峰峰顶会合。金飞彪、金飞豹两个人坚定地看了看对方,便各自走进了漆黑的夜色中。

单独行动,让他们面临着不同的危险。从突击营地到达峰顶再返回营地的过程,需要登山者不间断地攀登十几个小时。这意味着,要登顶珠峰,登山者必须有极强的体力和意志,而且还要通过那个在海拔8 680米出现的"第二台阶"。这个所谓的"第二台阶"其实是一个高达15米的垂直岩壁。这个垂直岩壁上,有中国登山队在1975年攀

登珠峰时安放的一个5米多长的金属梯子。当天,在金飞豹到达这里之前,有两个国外的登山者便没能顺利地爬上去。金飞豹顺着梯子攀登到4米时已经筋疲力尽了。当时,他拉着一根绳子,两只脚悬空,蹬不到任何可以着力的地方,就这样悬挂了七八分钟。这时,金飞豹暗自想:我是为什么来的?准备了、梦想了10年,难道就要在这里放弃吗?想到这里,他也不知道哪里来的力量,一使劲就蹿了上去,一只手拉到了梯子的一个横档。那一刻,金飞豹知道自己可以成功登顶了!

　　5月14日中午12时55分,金飞豹终于站在了珠峰峰顶。他见到了在峰顶等候多时的哥哥金飞彪。金飞彪先上到了峰顶,在气温低又缺氧的峰顶上,冒着生命危险等了弟弟一个多小时。金飞彪的意志和体质让人钦佩,但他们兄弟间的感情更是让人动容!这兄弟二人高高举起五星红旗和2008年北京奥运会的会旗,这是奥运旗帜第一次在世界第一高峰珠峰朗玛峰上高高飘扬。

　　俗话说:上山容易下山难。从1953年人类首次登顶珠峰到金氏兄弟登顶的2006年,世界上一共有1 700多位勇士登上了珠穆朗玛峰,470多名登山者死在了这里,其中很多人就是因为在下山过程中体力极度透支而死亡的。

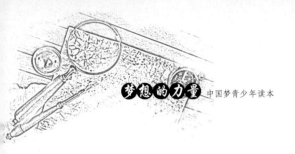

在8 000多米的山峰上行走就好像走钢丝一般,只有紧紧盯着自己脚下的路,一步都不能走错。走到"第二台阶"时,金飞彪遇到了危险!当时,金飞彪挂好他的技术保护安全带后,就开始向下爬了,但是突然,他就从自己弟弟的目光中消失了。金飞豹一下子就慌了神,大叫起来,等在"第二台阶"下边的人也在叫:"飞彪,飞彪!"这让金飞豹听后更是担心,却又不敢走得太急。他以自己最快的速度往下移动,大概过了七八分钟,金飞豹得知哥哥已经安全地下撤了,这才松了一口气。原来,金飞彪不小心失了手,突然滑了下去,幸好他的安全锁扣还挂在保护绳上,就这样,金飞彪侥幸地捡回了一条命。

但是金飞彪的氧气面罩却在刚刚的失手中被摔坏了,兄弟二人只能用一个氧气面罩轮换着吸氧,勉强回到了8 300米的营地。回到突击营地后,金飞豹做的第一件事就是用手机给另一个远在昆明的哥哥发了一条短信息。金飞豹回忆说:"当时我也没有多少力气了,就发了6个字,已登顶,还活着。过一会儿我哥哥又回了一条短信息说,妈妈知道我们登顶了,她哭了。其实我们登顶那天正好是母亲节,我们的登顶是送给母亲的一份特殊礼物。"

金氏兄弟在登山的过程中配合默契,金飞彪对攀登器

材熟悉,攀登技术专业,而金飞豹比较擅长组织、策划、运作。兄弟两人的特长虽然不同,不过他俩在登山过程当中却是性格互补、互相促进的。金飞豹曾说:"没有跨越不过去的困难。只要看见哥哥的身影,我就充满信心。"所以与其说两人的特长是互补的,不如说是兄弟俩都有着为对方创造条件、一起实现梦想的精神!

金氏兄弟这次登珠峰的目的也是为了践行环保理念。尽管整个登顶过程中危机重重,但是兄弟俩把所有自身产生的和沿途发现的生活垃圾全都带下山进行处理,并向当时云集于珠峰大本营的登山爱好者宣传环保登山的理念。这兄弟二人说:"如果珠峰都被污染了,地球上还有哪儿能干净?"

有的人目光盯着脚下,而有的人目光盯着远方。金氏兄弟的目光不仅仅盯着现实中的一座座高山,还放眼于未来。他们为实现自己的梦想而体现出的大无畏精神,不仅让其美梦成真,也让梦想走得更远!

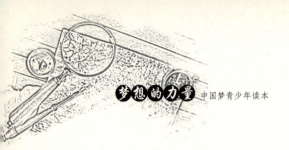

知识链接

攀岩保护绳 攀岩保护绳对于攀岩者来说,是最重要的装备之一。当攀岩者遇上坠落等突发情况时,保护绳是最后的救命装备,但坠落时巨大的冲击力以及重大的磨损往往使得绳索在没有任何征兆的情况下发生断裂。因此,攀岩保护绳需按照国际设计的统一标准制造,以保证登山者的安全。

❈ ❈ ❈

我宁可做人类中有梦想和有完成梦想的愿望的、最渺小的人,而不愿做一个最伟大的、无梦想、无愿望的人。

——[美]纪伯伦

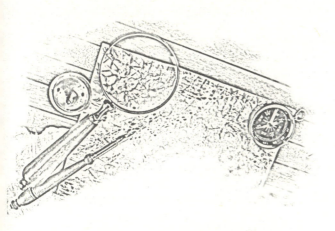

壮士一去兮不复还

英雄的陨灭总是让人唏嘘。但对英雄本人而言,为自己的梦想而死,为梦想谢幕,恐怕是他最庆幸的事情。余纯顺,走了4.2万千米,足迹遍布中国的23个省、市、自治区,访问过33个少数民族,发表了40余万字的游记,长途跋涉把他的脚变大了,穿的鞋也从41码变成43码。这位首次完成了人类孤身徒步穿过川藏、青藏、西藏、滇藏、中尼公路全程的壮士,在1996年6月,走到了自己生命的最后一站——罗布泊。

罗布泊一直被称为"生命禁区",并被冠以"死亡地域"的恶名。然而探险和恶劣的自然环境,从来就是密不可分的。

1996年6月初,余纯顺穿越罗布泊的各项准备工作基本就绪。他带着一贯的自信说:"我这可以说是'小试牛刀',胜率在百分之百!"余纯顺是一个脾气很犟的人,偏偏要选择在6月份只身闯入罗布泊。很多人在余纯顺遇难后都说这是他犯的一个严重的错误。如果换一个时间进罗布泊,那么或许余纯顺现在还在某个地方追求自己的梦想呢!可是,余纯顺为什么要冒着生命危险闯入罗布泊呢?因为他此行的目的就是要证明"6月中旬不能走罗布泊"的断言是错误的。他在1996年6月10日的日记中写道:"罗布泊湖心在6月10号最高温度达到75℃,12～17时,人只能躲在车底下,根本无法行动,6月份根本不能进……"可见他事先对罗布泊6月份恶劣的气候条件是了解的。或许,这就是探险家,这就是那种明知不可为而为之的精神。

跟随余纯顺一路到达罗布泊附近的探险队队员们,虽不跟随余纯顺一起走,但会在途中的每一个营地等着他,充当着一种类似"保镖"的角色。6月11日下午4时25分,队员们在湖盆中见到了他。余纯顺用了8个小时,孤身徒步33千米,平均每小时4.125千米,这个速度在沙漠行走中已经算是非常快的了。如同老马识途一般,余纯顺走得非常顺利。湖盆距他计划中的第一个宿营补给点还有不到3千米。看到余纯顺,队员们争先恐后地跳下车,

围住他问这问那。余纯顺那晒得黑红的脸庞上,还是挂着自信,只不过因为步履匆匆,他满头豆大的汗珠,衣服和背包也都被汗水浸湿了。

大家问他,身体能不能吃得消?他上下挥动着紧握的双拳说:"我没事,身体这么结实,绝对没有问题。从出发到现在,我一次也没休息,是一口气走到这里的。以前人们都说6月份不能进入罗布泊,我这不是走过来了吗?再走两三千米就能到第一个营地了,到了以后我就扎帐篷休息。今晚早点睡觉,明天赶早走,你们赶快回吧!"探险队队员们要在黄昏前赶到下一站,所以不得不又一次同余纯顺分手了。上车时,只听余纯顺说:"剩下的路我一天半就可以干掉。"他右手挥动着草帽,又大声喊道:"咱们前进桥见!"只要到了前进桥,余纯顺的罗布泊探险就圆满成功了。可是,又有谁想得到,这一句满怀希望的话,竟是余纯顺在罗布泊湖盆中,留给世界的最后一句话。

6月12日上午11时45分,探险队队员们到了接应点。如无意外,余纯顺将于13日到达这里与队员们会合,然后一同返回库尔勒。高温难耐,队员们躲在汽车的影子里,躲避毒辣的阳光。但是队员们即便只穿着短裤躺在纸板上,也不住地喊热,不停地喝水。

晚上凉快一些了，队员们正准备吃晚饭时，刚刚还有亮光的天空，瞬间昏暗了下来，天空好像突然蒙了一层布。还没等队员们回过神来，一阵狂风就袭来了，风卷着沙快速前进，像一堵沙墙似的，向人们压了过来。沙暴！

这场来势凶猛、意想不到的沙暴，从12日21时45分开始，延续到13日早晨。队员们不由得替余纯顺的处境担忧起来。13日8时30分，3个队员决定去5千米以外的地方迎候余纯顺。走在路上，他们满脑子只有一个念头："找到余纯顺！"可是，情况远没有他们想象的乐观，这一找就是好几天。大家的失望情绪越来越强烈，但只要有微弱的希望，就不放弃寻找！

18日9时45分，救援飞机到位。飞机在沙漠上盘旋，一个人忽然指着地面的一个蓝点，问道："那是什么？"顺着他的手臂往下看去，大家确定那是余纯顺的帐篷！飞机降落，那顶蓝色的帐篷静静躺在地面上，但周围不见余纯顺的身影。走近帐篷，只见它的一角已经塌了，随即，一股恶臭扑鼻而来。一把脱鞘的藏刀扔在帐篷门口，刀鞘已不知去向。朝帐篷里一望，人们顿时惊呆了。只见余纯顺头东脚西地仰面躺着，头部肿胀，头发像洗过一样，长而浓密的胡须也湿漉漉的；裸露的上身布满水泡；他的右臂朝

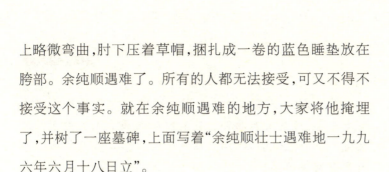

上略微弯曲,肘下压着草帽,捆扎成一卷的蓝色睡垫放在胯部。余纯顺遇难了。所有的人都无法接受,可又不得不接受这个事实。就在余纯顺遇难的地方,大家将他掩埋了,并树了一座墓碑,上面写着"余纯顺壮士遇难地一九九六年六月十八日立"。

迷路和高温是导致余纯顺遇难的原因。当时余纯顺在通过沙漠中的一个三岔路口时,他选择了径直往南偏东方向走,他在判断方向上犯了致命的失误。余纯顺如果沿着向西的正确方向再走3千米,就能找到他应前往的宿营地,那里有6月10日放置的一箱水和一箱干粮。他错过了正确的方向,也使自己错过了生还的机会。

壮士一去兮不复还。余纯顺为了创造探险界的一个纪录,自信满满地上了路,这是一种倔强;为了自己的目标,甘冒生命危险,这是一种执着。英雄在沙漠中安息,陪伴他的是他永不熄灭的梦想的光辉。

知识链接

罗布泊　罗布泊位于中国新疆维吾尔自治区塔里木盆地东部、若羌县东北部。孔雀河从北面注入。由于河流改道及上游灌溉引水,湖水逐渐干涸。沿岸盐滩广布。为国家自然保护区。

❋　❋　❋

一个有事业追求的人,可以把"梦"做得高些。虽然开始时是梦想,但只要不停地做,不轻易放弃,梦想能成真。

——虞有澄

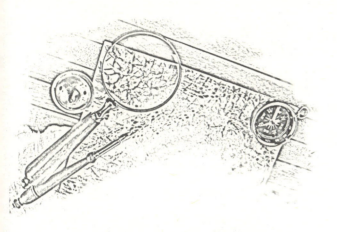

不鸣则已,一鸣惊人

在南极大陆上,中国人姗姗来迟,直到1985年2月20日,中国南极长城站才正式落成,比世界上第一个南极科考站的建成晚了71年。但一批批优秀的中国极地科学家却不气馁,他们在极地辛勤工作,努力缩短着中国与世界在极地科考水平上的差距。

2004年,一支去往南极的特殊队伍引起了世界各国的关注,那就是即将到达南极内陆冰盖最高点、挑战"人类不可接近之极"的"中国南极内陆冰盖昆仑科学考察队"。而此前,这个地区因为气候极其恶劣,没有人敢靠近。但是,由队长李院生带领的科考队员却义无反顾地出发了。

走向最高点的这一路,异常艰苦,就连最基本的饮食都难以保证。"人是铁,饭是钢",可没有饭吃的日子,人必须是钢,才能在恶劣的条件中生存下来!在特殊的气候、地理环境下,队员们想吃一顿热腾腾的饭菜是非常不容易的。一般说来,队员们为了不耽误时间,通常是将早餐加热后留一部分到中午吃,晚上做一个羊肉汤或者牛肉汤,并炖些胡萝卜或者白萝卜。只有这样,在冰天雪地中才能保证身体的热量。在这通向"人类不可接近之极"的路上,每走一步都是考验。为了减少负重,顺利前进,队员们不得不扔掉部分煤气罐。可问题也随之产生了,因为每接近"最高点"一步,气温就更低一些,做饭时所消耗的燃气就更多一些。所以没几天,队员们的饮食就不能保证了。不要说羊肉汤了,就连早餐都难吃上了。可是队员们要在这一地区待上整整13天,才能完成任务。这13天,是中国南极科考最重要的13天,可又有多少人知道这也是队员们饥肠辘辘的13天!但饮食不足的问题居然丝毫没有影响到整个科考的进度。这13天,让人们懂得了,只要有信念,有梦想,人就能成为经过锻炼的精钢!

极地生活艰难得令人难以想象:人竟然无法痛痛快快地喝水。队员们通常只能喝一口,大喘一口气,然后再喝一口。相比喝水、吃饭,走路就更难了。领队李院生后来曾向大家风趣地说:"你们知道企鹅为什么总是排队走路吗?到了南极冰盖最高点,我终于明白了!因为那样节省

体力啊!"因为南极冰盖最高点是软雪带,积雪有十几厘米厚。在这里,每走一步,雪都会没过脚面,每走一步,都是对体力的极大消耗。于是,这些科考队员们不由自主地学起了企鹅,在行进时纵向排开,前面的队员走过去以后,雪就会被踩得结实一些,后面队员跟进时就不会觉得脚下发虚。这样,队员们就可以节省不少体力。

就这样一路艰辛地走到南极内陆冰盖最高点。冰天雪地中,没有啤酒饮料、美味佳肴来庆祝这一令人激动的时刻,但队员们有着独特的庆贺方式。他们将13个油桶一层一层垒起来,在油桶的正上方,插上了一面鲜艳的五星红旗。看着红旗迎风招展在这个没有其他国家征服过的地方,队员们感到无比骄傲。全体队员面向北方,面向祖国的方向跪下了,那一刻,这些中华儿女们都流泪了,他们的泪水并非因为一路的艰辛,而是因为他们替祖国完成了一个梦想,为了这个梦想的实现,每个队员都尽了自己最大的努力!他们在油桶上依次写下了13位科考队员的名字,以南极内陆冰盖最高点为背景,用一张照片记录了他们的辉煌。

时光飞逝,中国南极内陆冰盖昆仑科学考察队早已凯旋,但当人们提起这段非比寻常的冒险之旅时,钦佩之余仍充满了感动。祖国这份来之不易的荣耀,是由这些平凡

而坚毅的人所创造的！他们坚实的理想和信念，是这次探险之旅的精神动力，也是这次探险的一个耀眼的标签。

南极洲 南极洲亦称"第七大陆"。位于地球南端，四周为太平洋、印度洋和大西洋所包围。包括大陆、陆缘冰和岛屿，总面积1 405.1万平方千米，约占世界陆地总面积的9.4%。

❋ ❋ ❋

梦想一旦被付诸行动，就会变得神圣。

——［英］普罗克特

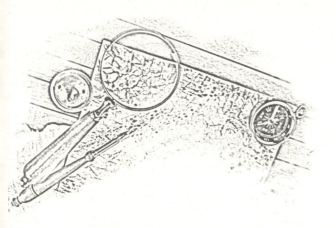

冷静的勇者

　　2008年6月的一天,四川大学的演讲厅内热闹非凡。不知情者以为是哪位"大腕"大驾光临,可知情者们却深知,这是一位比"大腕"还要厉害许多的人物。他叫宋元清,被称为"长江漂流第一人"。漂流是他一生的事业,他是当之无愧的勇者!

　　那天,他将一只补丁累累、褪了色的橡皮船和一双船桨郑重地交到了校方负责人的手中。在学子们的阵阵掌声中,他不时搓着长满老茧的双手,黑黝黝的脸上透出了激动的神情。这只标有"四川大学号"的橡皮船曾陪伴他度过了惊心动魄的15年,今后这只船将存放在四川大学的博物馆,而他将继续走向新的探险路程。

　　宋元清的漂流经历始于1985年。这一年,中国老百姓开始热切关注漂流探险这项活动。同年,中国长江科学考察漂流探险队(以下简称"长漂队")在成都组建,近百名漂流探险者加入其中,宋元清也成了"长漂队"的一员。"长漂队"从长江源头的沱沱河开始了漂流,途经叶巴滩、虎跳峡、老君滩时都有勇士落水遇难。这支队伍中有一些人选择了悄悄地离开,他们不想"以卵击石"。

在这支队伍里,宋元清虽不声不响,却从没想过离开。大家都称他"伙夫",因为他做的菜好吃。那时的他36岁,但在这支漂流的队伍中已经算是最年长的了。在很多人看来,这项运动是属于年轻人的,可是宋元清却不以为然。他来自四川汉源县,生长在大渡河边,曾在县城电影公司当经理,已有一个三口之家。与年轻人比,他很细心。最初,大家笑他动作慢,胆子小,漂流前,他总是小心地检查船只,不留疑点。可就这样,仍然有好多人不敢坐他的船,大家怕他没有年轻人反应那么快。后来人们却对他刮目相看,他的冷静、周全让全队人佩服,而这正是一个探险者应有的素质。

如今,宋元清回忆起当年遇难的队友,心情仍很沉重。在闯叶巴滩前,队里有一个做后勤的成都小伙儿王震,突发奇想,要下水漂流。他没有漂流经验,却不听劝告,甚至

还写下了"若出事,自己负责"的字据。大家纷纷劝阻,却得不到小伙子的理解和接受。宋元清也阻拦不住他,只能眼睁睁地看着这位新婚不久的小伙子下了水。这个小伙子进入密封船后不长的时间,就遇难了。"一点儿不精心就酿成大悲剧呀!"宋元清事后经常唠叨着这句话。

在漂流中,因为船前进的速度极快,漂流者们要进到密封舱中,才能避免磕碰。人在密封的空间里要有充足的氧气。其他漂流者使用氧气都是在应急的时候打开氧气袋吸上几口,但是严谨的宋元清却不同。他将氧气袋打个小眼,均匀地吸氧。就是这样的谨慎,让他一次次与死神擦肩而过。在漂叶巴滩的过程中,有3位漂流者献出了生命。事后分析,都是氧气袋出现问题,致使漂流者不得不从船中钻出来,而当船向礁石扑去时,甲板上的人根本来不及躲闪。那年11月25日,长漂队抵达长江入海口的横沙岛时,已有11位队员先后遇难。在后来的黄河漂流中,又有4名漂流者遇难。谈起这些惊心动魄的日子,宋元清语气低沉,说有好些事值得反思。探险是智慧、勇气、体能、团队合作的结晶,而不是仅仅表现勇气的"壮举"。悲壮能打动人,但不是探险的目的。

当年长漂队的幸存者中,后来继续从事漂流探险的仅有这个当年队里年龄最大、做事最仔细的宋元清。原因很简单,因为漂流是他的梦想。

1992年,他单枪匹马,历时半个月,行程350千米,首漂高山峡谷间的大渡河。曾经有美国、法国、加拿大等国的7名著名河流探险家组成探险队,采用全封闭船漂流大渡河。但因路途太过艰险,到石棉安顺场后,这支探险队就中止了行程。

1996年5月,年近50岁的宋元清,历时18天,创单人双桨无动力漂流南中国海的纪录。这次海上的漂流,其考验并不亚于长江漂流。白天宋元清不但需要忍受太阳的暴晒,还得提防鲨鱼的袭击。暴风雨来时,海浪铺天盖地,剧烈的颠簸折磨得人再也吐不出任何东西。在这次航行中,他曾整整7天没有与人说话。这让他感到了自己的力不从心,觉得自己已经处于崩溃的边缘。有时候,他思维混乱,不知道自己从哪里来又要到哪里去。但是,在他的脑海里有一个更为强大的意念,要自己挺住。

一天,暴风雨降临,大浪打坏了他的船,他掉入大海中,他在海水中拼命地挣扎。这时,奇迹出现了,他看见一只渔船在远处行驶,他拼命地摇晃五星红旗求救,船开过来了,他又不懂当地的语言。就在这些人要开船离开时,

船中总算出来了一个会讲普通话的人,开价500元,承诺将他送至附近的岸边,他将身上仅有的300元全都拿了出来,这些人才很不情愿地将他放到了一个海岛上。

数次死里逃生的宋元清痴心不改,总惦记着自己的一个梦想,一个源于当年在长漂队中,与队友孔志毅的约定。孔志毅,这位在青海格尔木兵站立过一等功的英模曾对他说:"我真想与大哥一起去台湾海峡漂流。"可是没想到,说过这话的第二天,孔志毅就永远地消失在江中了。宋元清始终牢记着这个约定。1991年至2007年,他6次漂流台湾海峡的计划都没有实现。但是他的信念却是非常坚定:"我一定会漂流台湾海峡。"宋元清认定的事是不会回头的。梦想还没实现,他如何能罢"桨"不干?

2008年,奥运舵手选拔报名的第一天。下午3点刚过,报名电话响起,听筒中传来一个中气十足的声音:"我叫宋元清,就是1986年长江漂流的宋元清,我报名参加奥运舵手选拔。"58岁的宋元清没有因为自己的年龄而退却,他说:"我看到报名要求是18至60岁,我符合这个要求……其实我所做的一切也可以说是弘扬了奥运精神,当参加奥运会这样的机会降临到我身上时,我不会放弃。"这就是为漂流而生、老而弥坚的宋元清。

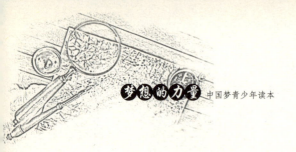

知识链接

漂流　漂流起源于因纽特人的皮船和中国的竹木筏。第二次世界大战后,漂流作为一项真正的户外运动有了极大的发展,逐渐演变成今天的水上漂流运动,并被越来越多的人喜爱。

* * *

梦想绝不是梦,两者之间的差别通常都有一段非常值得人们深思的距离。

——古龙

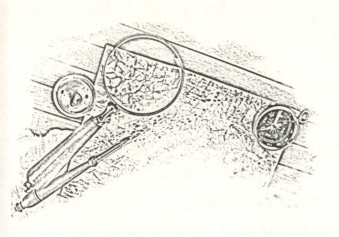

天涯丽人行

廖佳,汽车旅行探险家,旅行作家。她从1996年驾车旅行开始,至今几乎走遍了中国。2001年7月到12月,廖佳完成了中国历史上第一次单人、单车环绕欧亚大陆的旅行,成了一个汽车旅行的巾帼英雄。现在,廖佳仍然继续着自己的旅行,正如她自己所言:"已经深陷于这种牧歌式的生活不能自拔。"

廖佳一直庆幸自己生长在一个汽车时代,庆幸自己有能力驾车出游。在廖佳心中,汽车和公路已经成为她生活中重要的组成部分。虽然旅途生活少了一份安定,但是恰恰是这样的体验,更让人感觉到生活的美好。廖佳曾写道:"起初,旅行于我不过是生活的调剂,但渐渐地,我明白自己深陷这种牧歌式的生活不能自拔,离原来的生活越来越远。我甚至难以分清旅行和生活的界限,它们根本就是相通的。"驾车旅行在廖佳看来,或许浪漫得很,但是普通人在听到一个女子独自驾车进行长途旅行时,第一反应大概不会是"牧歌"般的浪漫,而是"一个女子,要走那么远的路,可以吗?""遇上车匪路霸怎么办?""晚上怎么睡觉?"廖佳对这些问题总是一笑而过。

廖佳与汽车结缘始于1996年。这年春天,廖佳和朋友到西藏旅行,路上遇到一对自己开车从北京到西宁的夫妻。这让廖佳非常惊讶:原来自己开车可以走那么远!这一路上一定会有很多风景吧?这一路上会需要自己解决很多问题吧?这一路上会增长很多知识吧?廖佳顿觉热血沸腾,恨不得也马上投身其中。当时,廖佳刚刚买了她的第一辆车,恐怕没有几个人舍得带新车出去"拉练"。但是,廖佳却恰恰相反,她从西藏回来,马上就开着车去了一趟山东——沿青岛、烟台、威海、蓬莱和长岛转了一圈。那是她一生中第一次驾车长途旅行。

从开始自驾旅行到真正能够享受这种旅行,廖佳用了三四年的时间。据廖佳回忆,她开始享受这种生活是在2000年春天,31岁的她自驾到了福建长汀。那是一个下

着雨的下午,她一边吃饭,一边和抱着小孙子的老板娘聊天,一边看着外面的雨。就在这一刻,廖佳第一次发现,自己开始享受这种旅行了。

于是,她决定冒一番险,去欧亚大陆"逛"一圈。她花了142天的时间,先后穿越了中国、蒙古、俄罗斯、挪威、瑞典、芬兰、丹麦、德国、卢森堡、法国、安道尔、西班牙、葡萄牙、比利时、荷兰、英国、捷克、匈牙利、斯洛文尼亚、奥地利、瑞士、摩纳哥、意大利、希腊、土耳其、格鲁吉亚、阿塞拜疆、伊朗、土库曼斯坦、乌兹别克斯坦、吉尔吉斯斯坦、哈萨克斯坦等33个国家,行程6万多千米。这一路,廖佳面对过许多问题,有过许多感受,也收获了许多。

当一身尘土的她结束了环绕欧亚大陆的旅行,开着她"伤痕累累"的轿车驶进上海时,她的脸上挂着腼腆的微笑,疲惫的神色中难掩成功的喜悦。就是这位貌不惊人的平常女子廖佳,做了似乎只有武侠小说中的女侠才能做到的事情。这一路上,她独自应对猛兽、歹徒、险恶的地形,甚至战火。这样的困难,又有几个人能够克服?当记者问到廖佳为什么要选择这种生活方式时,她回答得很干脆:"没什么,我喜欢这样的经历。"

回忆这艰辛的一路,廖佳说最危险的事情莫过于为了赶路,疲劳驾驶了。有一次,连续驾驶十几个小时的她实在是疲惫不堪,竟然在开车时睡着了。就在这时,迎面开来一辆车,两辆车眼看着就要相撞。幸运的是,廖佳此时猛然醒过来,急打方向盘,与死神擦肩而过。在生活方面,这样的旅行对于女性来说,最不方便的就是洗浴了。有汽车旅馆还好,在荒郊野外就只能将就了。廖佳驾车经过俄罗斯时,由于沿途没有旅馆,只好在野外跳进湖中洗浴。

这一路上,也有令廖佳心酸的经历。"在中亚和土耳其,当地的人们一看到我,就用当地的语言连声呼叫,'日本人!日本人!'我一听就急了,急忙纠正:'中国人!中国人!'在他们看来,一个中国女子是不可能独自驾车横穿欧亚大陆的。"廖佳在回忆起她的这段经历时,仍然有些激动。作为一个中国人,廖佳在完成自己梦想的同时,时刻不忘维护国家的名誉和形象。

据悉,欧亚间的汽车旅行虽早在1907年就已经出现,但这个领域一直是西方人的"专利",中国人在这方面落后了近百年的时间。廖佳的远征,不仅填补了中国汽车运动史上的一块空白,也向世界展示了中国汽车工业。

　　结束了环绕欧亚大陆的旅行,廖佳并没有为自己的汽车旅行画上句号。她设计了创纪录的环球汽车旅行路线:将历时100周,纵横6大洲,穿行121个国家及地区,行程26万多千米,绕地球一周,车轮将碾过从北纬70°到南纬55°的广大地区,将先后穿越撒哈拉沙漠、亚马孙丛林、喜马拉雅山脉……每天的行驶距离平均在600千米到800千米之间,这样的旅行对她将是严峻的考验。但是,似乎没有人为廖佳担心,因为人们相信廖佳一定能做到!而且会做得很好!

　　有人问廖佳,会不会因有一天发现找不到没走过的地方了,而觉得失落、厌倦?廖佳回答得很急,她说她走过了包括中国的很多地方,这些路线就连做梦她也想再走一遍。厌倦?也许会,但真的不知道会是哪一天。

　　也许有一天,廖佳会停住自己的脚步,踩下刹车,停住自己的车轮,但至少现在,她依然沉醉在这种生活方式中。

知识链接

汽车工业 汽车工业是指生产各种汽车主机及部分零配件或进行装配的工业部门,包括生产发动机、底盘、车体等部件,以及组装成车的主机厂和从事各种零部件生产的配件厂。1956年,中国第一汽车制造厂成批生产"解放"牌载重汽车,是中国汽车工业的开端。随着技术的不断更新换代,我国的汽车工业也有了很大发展,已能生产载重汽车、越野汽车、自卸汽车、牵引车、大客车、小轿车等多种类型的汽车。

❋ ❋ ❋

世界上最幸福的事情是彻彻底底地了解自己人生的追求和梦想,并依托自己天性的才华,让自己的梦想得到实现,让自己的才华得到彰显。

——杜士扬

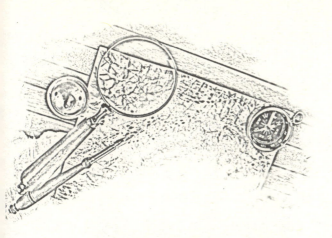

"我的偶像是赵子龙"

谈起赵子允,很多人都会亲切地称他为"西域奇人""疯老头""赵教授"。赵子允的心中有一个偶像,那就是与他的名字极其相似的古代著名将领——常山赵子龙。"我不知道我的父母给我取这个名字的时候是不是有什么特别的用意,但是我自己清楚我自己,我要像赵子龙一样勇敢、顽强,去实现我心中的历险之梦。"赵子允这样说。

虽然知道要实现梦想总会遇到重重困难,但是赵子允还是踏上了征程。

一次,在阿尔金山,赵子允骑马去野外找矿石。他被马驮着跑了很久而不自知。直到暗夜袭来,山风扑面,他才意识到自己置身于一个小山谷里。四周空无一人,山里也很冷,赵子允心生恐惧,但也只能在那里过夜。

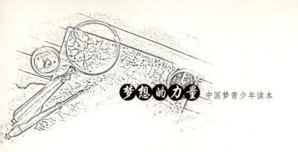

突然，从树林里冲出来一头巨大的牦牛。这头牦牛目光凶狠，一对尖尖的长犄角向外翻顶着，有着不容置疑的威力。牦牛向着马恶狠狠地奔了过来，马还来不及躲闪，牛角就已经刺进了马肚子里，马血喷涌而出。马倒下了，马背上的赵子允则被摔出去好远。来不及多想，赵子允连忙从地上爬起来，捡起掉在地上的气枪对准牦牛。他本以为这一举动会吓走这个庞然大物，但没想到这头牦牛一点都不害怕。牦牛扬了扬前蹄，犄角对准了赵子允，再次冲了过来。赵子允吓得腿都发软了，他强撑着身体，举起枪对准牦牛，开了火。3声枪响之后，牦牛在赵子允面前倒下去了，它因惯性向前的巨大身躯却没有能够及时停下。虽然赵子允努力闪躲，可还是被牦牛重重撞到了，他顿时晕了过去。

他醒来后，还没来得及喘口气，便听到了周围的狼叫声，在这伸手不见五指的黑夜，严寒也在侵袭着他。他身处在这海拔4 000多米的山上，饥寒交迫，已经没有半点力气了。他多想踏踏实实地睡一觉，可赵子允是一位经验丰富的探险家，他知道如果在这样的条件下睡着了，后果是非常可怕的。他决定留在原地不动，等待队友们的救援。他用刀取出牦牛的内脏，点起篝火把牛肝烤熟，狼吞虎咽吃掉了。然后用剥下的牦牛皮裹住自己，睡着了。

  第二天一大早,赵子允就被吵醒了,原来是那只死牦牛引来了一群秃鹫。赵子允吓得想赶紧逃走,却怎么也坐不起来。原来他裹在身上御寒的牦牛皮已经冻得发硬了,像盔甲一样脱不下来。

  这时,队友也寻到了此处。他们远远看到有东西在地上滚,走近一看,原来是赵子允。这场生死考验终于结束了。

  对于赵子允来说,探险生涯和科学考察根本就是分不开的,他在野外探矿并探险长达 40 多年,足迹遍布罗布泊、天山、阿尔金山、昆仑山、吐鲁番盆地、柴达木盆地等地,他不仅发现了大量矿藏,还对一些无人区进行了精确的测量,为中华人民共和国的建设事业做出了卓越的贡献。他写的一篇关于阿尔金山的文章被刊登在报纸上,这篇文章引起当地政府的重视。在进行了细致的考察之后,相关政府将阿尔金山列为自然保护区。几十年的探险经验让赵子允出色地完成了一次次大型探险活动的带队工作,他也因此收获了不少的"荣誉称号",例如:沙漠王、疯教授、活地图、拼命三郎、生命罗盘等。这些头衔,使得赵子允在西部可谓无人不知、无人不晓。

  2004 年,赵子允在探矿归来的途中遭遇车祸,不幸去世。可他历经沧桑与磨难仍对探险痴心不改的精神,产生了无声而巨大的力量,引领后人不畏艰险、勇于追求。

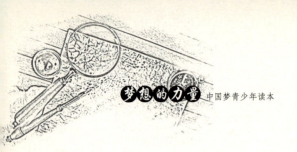

知识链接

西域 "西域"是汉朝以后对玉门关、阳关以西地区的总称,始见于《汉书·西域传》。有二义:狭义专指葱岭以东,广义则指通过狭义西域所能到达的地区,包括亚洲中、西部,印度半岛,欧洲东部和非洲北部在内。

❋ ❋ ❋

梦想,是坚信自己的信念,完成理想的欲望和永不放弃的坚持,是每个拥有她的人最伟大的财富。

——任初七

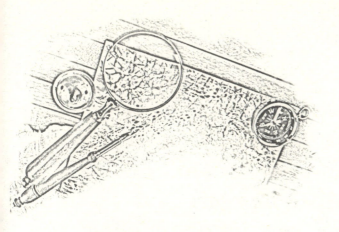

明星的飞越梦

"您现在收看的是中国中央电视台,我们在这里报道亚洲飞车第一人的黄河飞越……""这里是陕西壶口瀑布,接下来您将看到千年难见的壮举……""作为一个明星,他选择用这份挑战,来庆祝7月1日的香港回归,用自己的力量为祖国添彩……"中央电视台、凤凰卫视、陕西卫视等媒体此起彼伏的现场报道声响彻壶口瀑布,越来越多的人拥聚在壶口瀑布旁边,电视机前观众的目光都在这一刻聚焦——1997年6月1日,柯受良飞车跨越黄河。

6月1日,从凌晨开始,壶口瀑布两岸就陆续聚集起从四面八方赶来的人们,到上午10时,这里已有观众逾10万人。柯受良的父母、兄弟姐妹、太太及儿女也到壶口助威；柯受良的好友、港台演艺界著名人士刘德华、张学友、赵传、曾志伟等也前来观看；北京专业飞车队以及演艺界知名人士陈凯歌、张丰毅、解晓东、殷秀梅等更是专程来到壶口为柯受良的"飞黄"壮举献艺助兴。

上午，天气晴朗，虽然风比较大，但是风向总体来说还算正常。

12时30分许，柯受良出现在跑道上，并开始短距离试车。

12时40分，柯受良再度出现，他和工作人员一起再次检查跑道，以确保万无一失。只见他敲了敲木桥上几处松动的铁钉，并对现场群众微笑致意。

13时，柯受良站在壶口瀑布东岸的跑道上，探测风向和风力。

13时15分，柯受良再度试车。

13时19分，柯受良驾车正式飞越壶口瀑布。

启动、换挡、提速、起飞，柯受良一气呵成。"飞起来啦……"主持人的声音还没有落，柯受良驾驶的汽车在壶口瀑布上空划出一道美丽的弧线，然后重重地扎进接车台厚厚的纸箱里。在短短不到两秒的时间里，柯受良驾车成

功地从汹涌咆哮的黄河壶口瀑布上掠过,完成了他的挑战,同时也创造了一项世界纪录。一时间,全场欢声雷动,从车中走出的柯受良喜极而泣。

其实,这并不是柯受良的第一次飞越,早在1992年10月,柯受良就曾驾驶摩托车越过金山岭长城。那次飞越完成后,有记者问柯受良:你的下一个目标是什么?当时,头戴花环的柯受良还沉浸在成功的喜悦中,答道:"黄河。"在之后的几年里,柯受良真的把飞越黄河当成了一件大事。他带着一批人,数次到黄河边考察,最后将飞越地点定在壶口。

柯受良之所以选择壶口瀑布,是因为它得天独厚的条件,众所周知,壶口位于黄河在山西、陕西两省的交界处。黄河在流经晋陕峡谷时,正好是由东向南拐了一个弯。大自然在这里奉献了一个奇观:300余米宽的浩瀚水面在两面山势的夹击下,骤然收成一束,成为气势壮观的瀑布,瀑布轰然而下时,激起50多米高的水雾。这样的景观,被古人称为"千里黄河一壶收"。

面对壶口瀑布,柯受良也曾感到彷徨和恐惧,他曾回忆说:"我把内心的恐惧感压到最低,可它实在是一个很恐

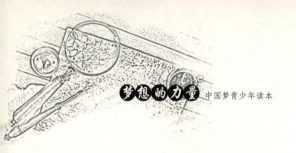

怖的瀑布,要是有一点失误,就完了。"

柯受良于1953年出生在浙江宁波,3岁时到台湾,一直生活在一个渔村里,直到16岁时才到台北闯天下。开始他只能干洗车、搬运等粗活,是名副其实的不会读书的"笨"孩子。凭借着自己的一身武艺,柯受良后来得缘进入电影界发展,当武师和武术指导。几年后,他便在港台演艺圈中小有名气,人送绰号"小黑子"。可是,柯受良还有更远大的志向,飞越黄河就是其中之一。

飞黄的志向立下后,柯受良不知多少次来到黄河边,站在壶口瀑布前,默默地聆听着瀑布万马奔腾似的巨响;默默地注视着自己将要越过的常人难以想象的惊涛骇浪。"我要跨过去!"他不止一次地这样给自己鼓劲儿。

为此,他放弃了自己在电影界的发展,放弃了其他生意,甚至变卖房产,把资金集中起来,专门注册了一个"飞越黄河有限公司",但依然还有许多困难。柯受良是常人,在困难面前,他也会急躁、发火,甚至还曾经打过退堂鼓。据说,在他最困难的时候,台北的小酒馆里常常出现"小黑子喝闷酒"的场景。飞越作为一个大型项目,无论是在装备的准备上,还是在人员的调度上,只靠柯受良一个人的

力量显然是不够的。而当这个项目进行到一半的时候,资金的匮乏更是让柯受良犯了难,他在这个时候流下了珍贵的男儿泪。好在皇天不负苦心人,凤凰卫视在此时的加盟无疑是给柯受良吃了一颗强有力的定心丸。现在看来,当时柯受良与凤凰卫视签订的合约,文字不严谨,条文也很粗糙,但合约的签订,使柯受良激动万分。当天,他驾驶一辆摩托车,为观众表演了特技,还说了这样一句话:"凤凰卫视救了我的命!"原来,在他的心里,他早已把飞越黄河看得和他的生命一样重要!

飞越成功后,柯受良在电视直播现场对着主持人递上的话筒,慷慨陈词:"开始,许多人说我飞不过去,但我相信自己。我是中国人,把山西、陕西介绍给世界,把壶口推向全球,是我义不容辞的责任。"

2003年柯受良因病走完了自己的人生,但是他却留下了宝贵的精神财富。他对于梦想的那份努力和坚持将永远激励着中国人奋发图强,开拓进取。

知识链接

极限运动 极限运动是体育娱乐活动的一种。人类在与自然的融合过程中,借助于现代高科技手段,最大限度地发挥自我身心潜能以向自身挑战的一项活动。强调参与和勇敢精神,追求在跨越心理障碍时所获得的愉悦感和成就感。主要比赛和表演项目有:极限滑板、极限直排轮、单板滑雪等。

❋ ❋ ❋

人的活动如果没有理想的鼓舞,就会变得空虚而渺小。

——[俄]车尔尼雪夫斯基

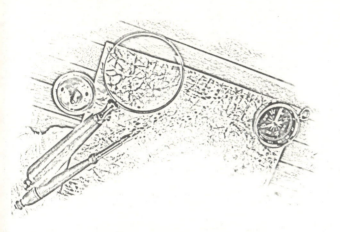

"穿越"构成的人生

　　崔迪,新疆生产建设兵团的一位普通青年,于1997年9月,单骑摩托车穿越罗布泊,1998年10月,率中国摩托车队首次穿越塔克拉玛干沙漠,1999年12月,首次单骑摩托车穿越中国最低点——艾丁湖,2009年,带队完成首次拖拉机穿越罗布泊,首次徒步穿越世界最高的沙漠——库木库勒沙漠……这一系列成功的穿越,源自崔迪幼时的梦想。

　　崔迪自幼生活在新疆一个偏僻的小镇上。他小时候曾随父母到过乌鲁木齐市,这让周围的人对他羡慕不已!因为他的父母是新疆生产建设兵团的军垦战士,兵团几乎都远离城市,在兵团生活的人很少有机会去乌鲁木齐市。

在这种相对封闭的生活中,少年崔迪的内心深处产生了要到外面的世界去闯一闯的梦想。升入中学后,崔迪立志要走遍祖国的壮美山河,了解祖国的灿烂文化和悠久历史。于是他认真学习地理和历史知识,经常翻阅地图,遇到汽车司机便询问其长途行车的经历,为实现自己的梦想而准备着。

家里并不富裕,崔迪想要出去闯荡,就需要自己挣路费。中学毕业后,崔迪将农场里生产的蔬菜、水果等农副产品贩卖到周边的城镇。他起早贪黑地干了两年多,攒了5万多元钱。于是,崔迪怀揣梦想,开始了自己的旅程。1990年6月6日,19岁的崔迪离开新疆,乘火车来到重庆,找到生产"雅马哈"摩托车的厂家。

面对这位来自天山脚下身体瘦弱的年轻人,雅马哈摩托车厂的厂长皱起了眉头。崔迪对厂长倾诉了他的抱负、他的理想、他的决心、他为5万元资金所做的努力,以及他的周密计划。厂长被感动了,他没有想到这么瘦弱的一个年轻人竟会有这样的毅力、这样远大的志向和这么执着的心。他亲自为崔迪挑选了一辆摩托车,并对崔迪说:"小崔,这辆车我分文不收,但有个条件,你必须把它骑回来。"崔迪郑重地答应了。崔迪没有违背自己的诺言,他骑着这辆摩托车完成了5万多千米的行程,到过30多个省、市、

自治区,盖了所到之处的366个地名印章。1992年11月28日,他将这辆摩托车骑回了雅马哈摩托厂。

如果说这次游历是崔迪出于对梦想的追求的话,那么此次游历之后,他赋予了探险新的意义。在他看来,探险活动不再是为了满足个人的好奇心,而是对人生美好境界的一种追求,并且,探险也是一件能为祖国争光的事情。于是,他就这样走上了探险之路。

在他穿越罗布泊后,一项新的纪录在他脚下诞生了。他的这一壮举完成于1997年9月23日,历时15天,全程2 100千米。上海大世界基尼斯总部颁发给他的证书上写着:"崔迪,单骑摩托车穿越罗布泊第一人。纵穿:从东经90°19′00″、北纬40°43′00″出发,至东经90°15′09″、北纬40°08′08″。横穿:从东经90°20′30″、北纬40°25′30″水平线向西出发,至东经90°16′20″。"崔迪从1990年单骑游中国开始,到1997年成功穿越罗布泊,历时7年。这7年,他独特的经历、感受、见闻,可以撰写成一本厚厚的书,而这本书里记载最多的无疑是艰辛。

在穿越罗布泊之前,崔迪有过一次难以忘却的穿越之旅,这可以说是他穿越罗布泊的前奏。那年崔迪在南京购买了摩托车,踌躇满志地准备穿越塔克拉玛干沙漠。北京的一位探险者说好要与他同行,准备骑着新车与伙伴共同

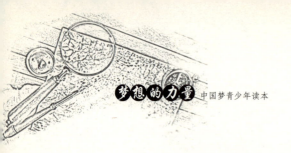

探险的崔迪,别提有多高兴了。可没想到在街头的一个阅报栏里,他读到了《羊城晚报》上的一则消息:我国著名探险家余纯顺在新疆罗布泊遇难了,时年45岁。崔迪惊呆了,他太熟悉余纯顺了,那是他的偶像啊!

崔迪站在阅报栏前把这则消息看了好几遍,头脑一片空白。他随后与北京的那位探险者通了电话,得到的答复似乎并不意外。北京的那位探险者说因为生病,不能和他同去塔克拉玛干沙漠了。挂电话前,对方问道:"这几天新疆有重要新闻,你看了吗?"

挂了电话,崔迪沮丧万分。他垂头丧气地回到新疆,碰巧遇到了儿时的好友范和文。范和文听崔迪说了自己的苦恼后,毫不犹豫地说要陪同他一起穿越塔克拉玛干沙漠。一般来说,探险家应该有专门的后勤供应队伍,有现代化的通信联络设备,但是崔迪他们都没有。最终,这两个人的装备是这样的:一头毛驴,一辆毛驴车,60个馕,两箱方便面,刀子、汽油等物品。就这样,崔迪骑着摩托车、范和文赶着毛驴车向塔克拉玛干沙漠进发了。

7月的沙漠酷热难耐。摩托车没跑一会儿,发动机就热得"罢工"了。他们只好用凉水给发动机降温,但在沙漠里水是用来保命的,必须节约使用。没有办法,他们只得采取缓慢行进的方式,一天只前进20千米。本来他们计

划用7天穿越沙漠腹地,到达阿克苏河,可是6天过去了,他们才来到一个叫麻扎塔格山的地方。这座横在沙海中的奇特山丘,虽然只有三四百米高,但摩托车却怎么也开不过去。无奈,他们只好从山沟下的河床绕过去。不料,就在他们专心赶路的时候,他们的干粮——馕,却被河水浸湿了,等他们发现的时候,馕已经变质了,硬得像石头一样。此后的数天,两人一天只能吃一袋方便面,喝一瓶矿泉水。

伴随着饥饿和干渴,崔迪和范和文继续前行。他们只想尽快走出这片沙漠,于是,他们咬咬牙,将行李、斧头等重物都扔掉了,轻装前行。他俩与毛驴的体力都已经到了极限,数次倒下又挣扎着站起来。

崔迪不停地鼓励自己:一定要走出沙漠,走向胜利!这时,奇迹出现了:沙漠深处掀起阵阵沙尘,一辆汽车向他们驶来,并停在了他们身边。汽车司机对这两位衣衫破烂不堪的探险者,既佩服又满怀同情,便将车上仅有的一箱饼干和一箱矿泉水送给了他们。在这些东西的支撑下,两天后,他们抵达阿克苏地区阿瓦提乡的一个牧场,完成了横穿塔克拉玛干沙漠的壮举。成功穿越塔克拉玛干沙漠,为崔迪后来穿越罗布泊奠定了基础。

崔迪知道在探险的路上有太多的艰难险阻,知道相对于大自然来说,人的生命有的时候太过渺小、脆弱,但他还

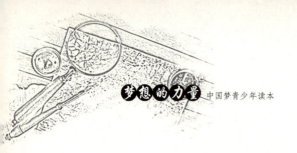

是坚定地说:"我要走前人没有走过的路。"

他单骑穿越罗布泊时,曾到探险家余纯顺墓前,说:"这里太冷酷、太残忍,但我还是要坚持下去,还要到这里来,要像您那样成为著名的探险家。"穿越是崔迪的人生主题,更是他心中永恒的梦想。

穿越 穿越是穿越时间和空间的简称。除此之外,穿越还是一种户外运动,以徒步穿越为基本形式,徒步穿越能力是一切穿越活动的基础。

❋ ❋ ❋

理想是指路明灯。没有理想,就没有坚定的方向;没有方向,就没有生活。

——[俄]列夫·托尔斯泰

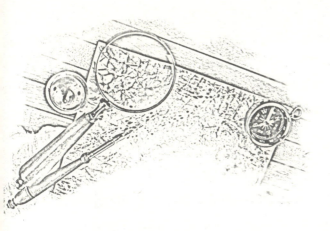

农民娃的飞越之梦

1999年6月20日上午,晋陕峡谷黄河壶口瀑布两岸,久久等候着的人群中突然爆发出一片欢呼声,山西吉县西关村23岁的青年农民朱朝晖出现在他即将飞越黄河的出发台上。

两年前,也是在这个地方,朱朝晖挤在人群中,看到柯受良的赛车在壶口瀑布上空划出一道漂亮的弧线。今天,他也站在起跑线上,嘴角挂着自信的微笑。在朱朝晖之前,不仅仅有柯受良,还有其他人成功地飞越了黄河。若问朱朝晖的飞越黄河有什么特别之处,那就是他是骑着摩托车飞越黄河!

驾汽车与驾摩托车飞越黄河的区别很大。总体来说,

驾汽车飞越黄河相对要安全很多。就人与车的关联而言，飞越时，驾汽车的人在车内，被保险带紧紧地固定在座位上；而骑摩托车则完全不同，与其说人骑摩托车，不如说人是浮在摩托车上，人与车之间几乎没有连接。就起跑过程而言，汽车的助跑道有250米长，如有意外发生，可以踩刹车，但是摩托车的跑道只有120米长。这个长度只来得及加速，完全没有机会刹车，这也就意味着，骑摩托车起跑的机会只有一次！

11时51分，朱朝晖驾驶摩托车从黄河东岸飞起，这一瞬间时间似乎停止了……只听"砰"的一声，摩托车着陆了！朱朝晖顺利抵达了30米外的黄河西岸。在数万名观众一起为他唱响了《黄河大合唱》，伴着歌声，朱朝晖与他的未婚妻举行了婚礼。而黄河，见证了这一切。

朱朝晖想"飞"的念头起源于1995年的一天，那天他在黄河岸边看了嘉陵摩托车队的特技表演，晚上就好说歹说地从朋友处借了一辆摩托车。借着月光，在凹凸不平的山道上，他挂上挡，加足油门，在马达的轰鸣声中，摩托车朝前飞去……朱朝晖自己都不知道发生了什么事情，再睁开眼睛时，只发现自己趴在地上，而摩托车离他很远。原来摩托车飞出了5米远，朱朝晖也被甩了下来。他浑身疼

痛,躺在地上根本起不来……

虽然在家里躺了10天,但是朱朝晖一点都不觉得后悔。只是看到父母为自己流泪,朱朝晖心里很难过。

在朱朝晖的父母看来,家里三个娃,就属老三朱朝晖性野,脾气犟,不肯安安生生过日子。

飞越的念头一产生,就在朱朝晖的心里扎下了根。朱朝晖说服父母,买了辆摩托车。但是经济条件有限,所以装备就都从简了,旱冰运动员用的护膝、武警用的护胸,都是他四处找来的。自此,这个小伙子就再没安生过,他身上的伤疤一天比一天多,总是旧伤添新痕。

1997年6月1日,朱朝晖看到柯受良"飞黄"之后,激动不已,他决定骑摩托车"飞黄"。但是冷静下来以后,他发现事情远没有自己想得那么简单。虽然自己不怕危险,但是做这么危险的事情,父母能同意吗?而且这需要一大笔钱,要有好摩托车,要有人培训。为了筹集资金,他开始搞运输,跑出租。

可没过多久,急迫的朱朝晖忍不住了,他找到县委书记,向他倾诉自己的梦想。县委书记听了以后不由得惊呆了:这个不起眼的小伙子,竟然有这么大的理想。这也让县委书记打心里高兴,他不是没听说过摩托车"飞黄",那是国家摩托车队准备了 8 年的梦想啊！如果能由一个土生土长的山里娃来完成,不是一件很好的事吗？

于是,县委书记想方设法,请到原国家摩托车队教练秦克宁,由他对朱朝晖进行专业培训。秦克宁戏称朱朝晖的车技是野路子出身。朱朝晖能否实现自己梦想呢？就连秦克宁都没有把握。

朱朝晖辛苦训练了两年。两年间,他的车技日渐娴熟,他已能熟练地表演独轮飞行、手脚凌空、单手驾驶、倒立快行、180°大调头等惊险特技。朱朝晖的技术越成熟,他越知道飞越的风险大。但他并没有退缩,训练中,他一次次地摔倒,又一次次地爬起来……

功夫不负有心人。1999 年 6 月 20 日,朱朝晖,这个农家小伙成功地飞越黄河壶口瀑布,成为驾驶摩托车飞越黄河的第一人！

黄河,它有着一种神奇的力量,能让草木复苏,能把岩石磨平。朱朝晖仿佛有着和黄河一样神奇的力量,克服了种种困难。这种力量让他进入到中国探险家的行列,这种力量让中国人民为之骄傲,这种力量就叫作梦想！

壶口瀑布 壶口瀑布是我国著名的瀑布之一,位于黄河之上,是黄河流经秦晋大峡谷时所形成的一个瀑布,也是我国仅次于贵州省黄果树瀑布的第二大瀑布。它东濒山西省临汾市吉县壶口镇,西临陕西省延安市宜川县壶口乡。当滚滚黄河流至此处时,原本300多米宽的河水被两岸束缚,继而在20米的落差中翻滚,泻入直径50米的大石潭中,声若奔雷。

❖ ❖ ❖

梦想永远是现在式,而绝非将来式!

——周国平

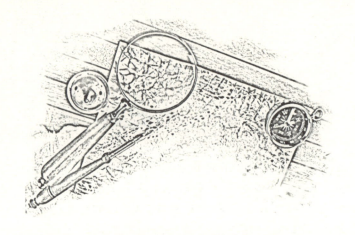

"诗情画意"的探险家

长江,孕育了中华民族的古老精魂,蕴含着无穷无尽的灵气,滋养了顽强的生命,古往今来,吸引了多少艺术家、科学家、探险家。在当代,有一个虔诚的朝圣者,汲取着长江的雄浑、博大,倾听着长江的呼吸和心语,从长江的入海口开始,一步一个脚印地走向长江源头,她就是云南画家步雨青。画家外出写生,原本不是一件稀奇的事,但让人诧异的是,这位画家步入了探险家的行列,成为第一位完成全程徒步考察长江的人。

为什么要徒步考察长江?步雨青的这一决定源自于她的一次偶然经历。那是1987年,步雨青赴丽江虎跳峡采访。当她只身一人穿越位于玉龙雪山的中虎跳

时,她听到了江水隆隆的轰鸣声,那是从谷底发出的千年的怒吼。步雨青被惊呆了,这一刻,困扰她多年的许多问题,似乎都烟消云散了。也就在这一刻,她决心徒步考察长江。

或许连她自己都没有想到,从决心徒步考察长江到真正迈出第一步,她竟用了9年的时间!9年间,步雨青遇到了一个可以相守一生的人,有了女儿,成了一个幸福的女人。在旁人看来,她的梦想和决心应会慢慢地消退在这幸福的生活之中。事实上,这9年间,步雨青要徒步考察长江的念头一天都没有断过。步雨青心里明白,徒步考察长江是一个浩大的工程,除了来自亲朋好友的反对与不理解之外,路上还会遇到许多无法预料的险阻。"放弃吗?不是没有想过。如果没有挣扎,也许坚持不到最后。事情总是这样,一旦你放弃得越多,也就可以走得更远。"步雨青曾这样说过。

自1996年7月从上海出发后,步雨青夫妇已走过江苏、江西、湖南、四川等7个省、2个直辖市,行程1万多千米。经过一段时间的休整,他们决定穿越青藏高原,走向长江源头——各拉丹东雪山。再次出发的日子风和日丽,昆明市巡津街5号院子里,步雨青和她的丈夫贾千里,又告别了父母和女儿,带着亲人们的千叮咛万嘱咐,乘车前往迪庆藏族自治州,从那儿开始他们长江万里行的最后冲刺。

最后冲刺他们面对的是通天河400千米无人区和沱沱河200千米无人区。这是一段艰难的路程,恶劣的气候和高原反应,使原本已经筋疲力尽的两个人始终受着疾病的困扰。步雨青在甘孜曲莱麻县委招待所暂时停下来,进行治疗,尽管她大剂量地使用抗生素,但病情还是没有好转的迹象。医生的诊断也不容乐观:心率过快,扁桃体化脓,支气管发炎。这种身体状况是根本不可能进入无人区的,哪怕是坐车都不可以,更不用说步行了。可当时步雨青只有一个想法,已经走到这里了,只能也必须往前走。

就在步雨青夫妇快要走出通天河无人区的时候,他们遇上了雪灾,气温骤降到零下36℃,青藏线上的交通中断了整整3天,步雨青夫妇被困在了路上。他们身上只有一袋面饼,没有任何取暖材料,而且因为雪灾,所有的信息站都中断了工作,他们也无法求援。很快,步雨青的病情开始恶化,出现了肺水肿症状,她无法躺下休息,连睡觉也只能坐着。

幸好,当地的一位老乡发现了他们夫妇,赶紧把他们送到可可西里国家自然保护区管理局的保护站。经过救治,步雨青才保住了性命。

就这样,坚定的步雨青终于成功地走到了长江源头。她共穿越了11个省市,行程1.8万多千米。长江把自己1万多张照片、近百幅速写、几十盘录像带作为礼物送给了这位坚韧的女性。至此,步雨青可以算得上"功德圆满"了,但步雨青兼具画家和探险家双重身份,她希望将长江赠予她的弥足珍贵的礼物与世人分享。如何分享?画!步雨青决定用自己的余生去画,画出她在1.8万千米路上与长江的对话,画出人与自然的和谐之音。

步雨青曾说:"我要走长江、画长江,实现创作《大江东去》的艺术梦。为此,多年来我一直寝食难安。终于,我不顾一切地奔向了长江,奔向了大自然,如此迫不及待……结果是成功或失败,生或死都不去管它了。"这就是步雨青,一位不屈不挠追求梦想的探险家。

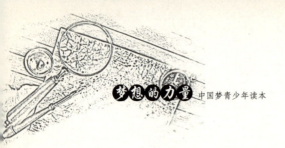

> **知识链接**
>
> **糍粑** 糍粑是中国的小吃。是将糯米、土豆蒸熟,而后放置在石臼里捣烂,趁热将其制作成团状,在放有芝麻或者白糖的盘里滚动。人们习惯于在腊月做糍粑,而不同地区也有不同的风俗,如四川人在中秋节前做糍粑,象征丰收、喜庆和团圆,因此糍粑与月饼齐名。

❉ ❉ ❉

梦想无论怎样模糊,总潜伏在我们心底,使我们的心境永远得不到宁静,直到这些梦想成为事实才止;像种子在地下一样,一定要萌芽滋长,伸出地面来,寻找阳光。

——林语堂

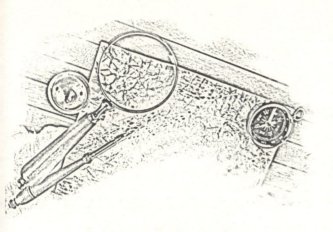

从画家到航海家

翟墨被评选为2009年"感动中国"的人物之一,"感动中国"评选委员会给他的颁奖词是:"古老船队的风帆落下太久,人们已经忘记了大海的模样。600年后,他眺望先辈的方向,直挂云帆,向西方出发,从东方归航。他不想征服,他只是要达成梦想!到海上去!一个人,一张帆,他比我们走得都远!"

翟墨,这位在画布上肆意挥洒的画家,竟成了一位航海家,他用两年半的时间,完成了环球一周的航海旅行,成为"单人无动力帆船环球航海中国第一人"。这样的职业跨度,让很多人很难理解,但是,翟墨是怎样从画家变成航海家的?事情原来是这样的。

1998年，正值而立之年的翟墨在新西兰举办个人画展，这标志着翟墨在绘画领域取得了一定成就。也就在这次画展上，翟墨遇到了一个对他影响巨大的人，以至于2000年，翟墨竟然用40万元人民币买下了一艘帆船！如果这艘帆船是一个古董，值得收藏，那么翟墨的这一行为或许还有人理解。不仅如此，翟墨还在船主的帮助下学会了驾驶帆船，从此过上了船长的生活……那个对他影响巨大的人，是一位挪威的老人。

这位老人是一位航海家，他向翟墨讲了自己航海的故事，故事以及老人讲述时骄傲的神情深深地吸引了翟墨。这位老航海家说："只要一条船，你想去哪里都可以……这个蓝色的星球就属于你一个人！"这话听上去的确极具鼓动性，但是，真正触动翟墨的是老人的另一句话，他说："年轻人，恕我直言，我在海上航行了大半辈子，还从没有见过一个中国的同行，我倒真想见识见识。"他的话让翟墨的内心隐隐作痛！翟墨立刻回答说："也许在不久的将来，您就会看到中国人在海上了。"遵从这个没有经过深思熟虑的决定，翟墨要出航了。

为了配齐航海所需要的设备，翟墨开始用画笔挣钱，他拼命画画，再加上朋友的一些资助，终于凑够了100万元，翟墨用这些钱将他的帆船"武装"起来。2007年1月6日，翟墨驾着这艘名为"日照号"的单人无动力帆船出航了。从这天起到2009年8月16日，翟墨沿黄海、东海、南海，经印尼、马达加斯加、巴拿马，横跨印度洋、大西洋、太平洋，最终回到厦门，总航程近6.5万千米，圆满完成中国首次单人帆船环球航海的壮举。

翟墨在海上独自应对了很多危险。一次，他碰上了11级飓风。那天翟墨和往常一样，对着一望无际的大海遐想无限，突然他觉得不安起来，便起身想要活动活动，舒缓一下不安的情绪，却发现天正在慢慢变黄，大海的颜色也在慢慢变深。经验告诉他，飓风要来了！瞬间，飓风就来了，他眼睁睁地看着船舱被淹了，船帆被狂风扯成了破布。不知道过了多久，一切才恢复了平静……翟墨来不及庆幸自己的船没在飓风中失事，就赶紧跟跟跄跄地奔到船舱内寻找医药箱，他的脚被划了一个大口子，在一个人的帆船上，他为自己打麻药、缝针。

在航行的途中，还有一种巨大的精神压力——孤独。翟墨航行在寂静的大海上，只有一艘船、一张帆和他一个人。他每天面对着大海，看太阳升起、落下。有时候他甚至想：如果我能靠岸，就和当地的土著姑娘结婚生子，过普通人的生活，再也不在海上颠簸了。可是，当他真的靠了岸，便又忘记了曾有的想法。

航行期间，翟墨曾经连续120个小时手扶船舵，濒临虚脱；他曾经误闯美国的军事禁区，被美国士兵扣押；他曾经被海盗跟踪三四个小时，被鲨鱼跟踪一天一夜……这些曾经，构成了翟墨的探险经历，也丰富了他的人生。

自郑和下西洋至今已经有600多年了，在600年后翟墨又扬帆远行，这已经不单单是翟墨一个人的荣耀了，更是中国的骄傲。在翟墨驾驶着悬挂中国国旗的帆船出海的那一天，他就已经用自己的行动向世界证明了炎黄子孙的勇气与豪情、智慧与梦想，还有什么比这更能体现中国人百折不挠、自强不息的伟大精神的呢？

知识链接

无动力帆船 无动力帆船是指仅依靠风力吹动船帆得以前进的帆船。这类船只最主要的结构就是船身和帆，有的船只上会配有桨。无动力帆船上没有发动机，也没有任何动力传动装置，因此这类船只多适用于展示驾驶者技巧的比赛。

❋ ❋ ❋

信念是鸟，它在黎明前感觉到了光明，唱出了歌。

——［印度］泰戈尔

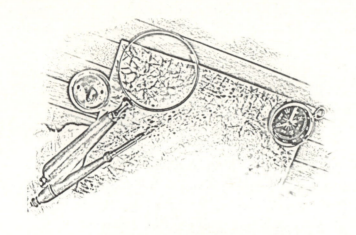

"跑"出来的英雄

在当下这样一个高科技时代,汽车、飞机、火车早已成为常见的交通工具。所以,人们对那些用双脚一步步行走的探险家总是心怀敬意,因为他们的行走更需毅力,更需决心。有这样一个人,不但步行穿越了撒哈拉沙漠,还参加了在撒哈拉沙漠里举行的超级马拉松赛。

他叫林义杰,来自台湾。1976年,林义杰出生于台北市,他天生个子小,与很多体育比赛都无缘,可是他偏偏无比热爱体育运动,每次体育班训练时,他总是在教练面前转来转去,试图引起教练的注意。他小学五年级时,台北市举办越野锦标赛,教练临时找不到人,就让林义杰参赛。他铆足劲跑出个第23名好成绩。中学时,他再度参赛,居然拿了第1名。林义杰虽是农家出身,但他的父母如所有

父母那样,对自己的孩子有很高的期望,担任维修站长的林爸爸一直因自己没有念大学而倍感遗憾,立志要培养儿子成为大学生。因此少年林义杰的课余时间被多种补习班占用,但这些都无法熄灭他对奔跑的热情,即便家中后来完全断了对他的经济支援,还是没有能够阻止他的脚步。而且,他奔跑的路线也越来越不平凡,单纯的比赛也已经不能满足他了:他瞄准了地球上最艰险的地区,从一位奔跑者变成了一位探险者。从2002年参加国际极限马拉松比赛开始,林义杰遇到了很多困难。"每次在我快要撑不下去的时候,我会问自己,'如果我今天放弃的话,明天会不会后悔?你为什么要放弃?'"林义杰这样激励着自己,脚步从未停歇。

位于非洲北部的撒哈拉沙漠是世界上最大的荒漠,气候条件恶劣,是地球上最不适合生物生长的地方。在这样的自然条件下,林义杰花了111天的时间,成功地徒步穿越了撒哈拉沙漠,成为人类历史上第一个用双脚征服这个沙漠的人。"我看到红海了。"这是林义杰穿越撒哈拉沙漠后讲的第一句话,这句话透露了这个台湾小伙的质朴。

这次穿越,林义杰与另两位同伴以非洲塞内加尔境内的撒哈拉沙漠为起点,行经毛里塔尼亚、马里、乍得、尼日尔、利比亚、埃及等国家境内的撒哈拉沙漠,总行程约

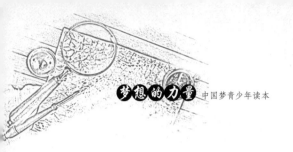

7 500千米。这是一次不折不扣的危险之旅：在毛里塔尼亚境内，全年有三分之二的日子有沙暴；当时乍得是战区，3人尽力绕过危险的地雷区，但谁也不能确定流动的沙丘会把未被挖出的地雷带到哪里去。长途跋涉的100多天里，平均气温为40℃～45℃，林义杰双脚长满水泡。其间，他一共穿坏了11双鞋，得过一次严重腹泻。除身体备受折磨外，他还遭遇过劫匪，不过这些磨难都没有打垮林义杰。他坚定地说："不论发生什么样的事情，我都会全力以赴来面对这个极大的挑战，因为这将会写下人类最伟大的历史。"

第17届摩洛哥撒哈拉马拉松赛于2002年4月7日至13日，在摩洛哥境内的撒哈拉沙漠进行的，全程长约240千米。来自世界不同国家和地区的近700名选手参加了这次比赛。那里白天的温度高达47℃，晚上只有2℃左右。如此大的温差对选手们是极为严酷的考验。

因为撒哈拉马拉松赛是在沙漠中进行的，无法标示地标，所以所有参赛者必须使用罗盘辨别方向。尽管林义杰也使用罗盘，但是在赛程中他经常迷路。一次，林义杰实在分辨不出应该往哪里跑，突然看到两只白色的鸟在飞，就跟着两只鸟跑，这才侥幸找到了正确路线。参加沙漠中的比赛，参赛者要面临多变的自然环境，可林义杰没有多

少相关的比赛经验。比如说,一些有经验的参赛者懂得沿着沙丘的边缘跑,因为虽然这样有些绕路,但是却总比爬上爬下地翻越沙丘节省体力。可是林义杰哪里知道这个窍门,他是遇沙丘上沙丘,遇平地走平地,就这样笨拙地一路跑向前方。

长达6天的马拉松比赛,每一天对林义杰来说都是巨大的考验。在跑70千米赛程的那一天,选手们碰到了沙暴,太阳被漫天的沙尘遮蔽,选手们在昏天黑地中摸索着前行。林义杰的太阳镜被大风吹得不见了踪影。这一天,他几乎是闭着眼睛在跑,庆幸的是,在这样恶劣的天气中,在没怎么睁眼的情况下,他竟然没有迷路,真是天眷勇者。晚上,当他眯着眼看到远处的灯火时,才知道自己幸运地跑完了当天的赛程。比赛前,林义杰体重是54千克,比赛后,他的体重只剩下49千克,其中的艰苦不言而喻。

林义杰不仅跑完了撒哈拉马拉松赛的全程,而且第9个跑到终点,这让比赛工作人员大吃一惊:这个中国人,长得如此瘦弱,又没有经过特别的训练,竟能拿到这样的好成绩!虽然林义杰第9个到达终点,但因少做了一个心电图检查,被扣了30分钟,最后名列第12名。即使是第12名,也是历届比赛中,亚洲人创造的最佳成绩。

回首过去,林义杰说:"我不敢说自己已经成功,对我来说这样的成就还不够。我对于成功的定义是书写一段可歌可泣的历史。"所以,林义杰还在追求梦想的路上不断前行。

红海 红海位于非洲东北部与阿拉伯半岛之间,长约2 100千米,最宽处为306千米,面积约为45万平方千米。红海的北端有两个小海湾:一为亚喀巴湾;一为苏伊士湾。因为苏伊士运河连接苏伊士湾和北面的地中海,因此红海是欧洲和亚洲之间的重要交通通道。

❋ ❋ ❋

滴水穿石,不是因其力量,而是因其坚韧不拔、锲而不舍。

——[美]拉蒂默

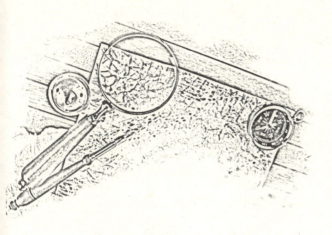

自由之魂

2012年7月9日,严冬冬在登顶天山后开始下撤,18时15分,严冬冬不幸坠入暗冰裂缝……就这样,天山留住了严冬冬,在这满山的白雪中,"冬"与"雪"融为一体……

在登山爱好者这个群体中,严冬冬并不怎么起眼,看上去与在校大学生没什么区别。其实,严冬冬就是清华大学的高材生,认识他的人应知道他是登山爱好者,都觉得他更适合当一位文学家,他也的确能写一手的好文章。这样一个年轻人,是怎样与登山结缘的呢?

严冬冬是辽宁省鞍山市2001年理科高考状元,考入清华大学生命科学与技术系。名牌大学的好专业,许多同龄人对他羡慕不已。毕业后找一个好工作,拿一份高薪

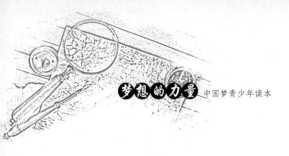

水,只要严冬冬愿意,就可以过这样稳定的生活。但是,严冬冬却偏离了这样的生活轨道。

进入大学不久,严冬冬就加入了一个叫作"科考协会"的社团,他跟随社团参加了几次登山活动后,便喜欢上了登山。在读大学的4年里,严冬冬随清华登山队一共攀登了3座山,他的登山技术也因而得到了提高。一位去过严冬冬宿舍的同学回忆说,为了提高自己的绳结技能,严冬冬将绳子系在床栏杆上练习,绳子上一个一个绳结密得像蜘蛛网一样。通过这样的练习,严冬冬的绳结技术达到了炉火纯青的地步。他在清华登山队中一直发挥着骨干作用,他毕业时,队友对他依依不舍,在留言中写道:"协会是严冬冬生活的一部分,每当协会需要,严冬冬总能牺牲自己的时间来承担协会的工作……"

大学毕业后,严冬冬实习过,也工作过,但是总难以安顿下来,因为他不愿意放弃登山,他用赚的钱买了更多的登山装备。2006年,严冬冬听说奥运火炬珠峰传递小组要选拔大学生登山运动员,他激动极了,找到了曾担任登山队指导教师的清华大学团委副书记陈伟。虽然那时严冬冬已经不是在校大学生了,但考虑到他的综合素质以及

他对登山的执着追求,清华大学团委仍将严冬冬推荐进了奥运火炬珠峰传递小组。经过两年的集训,2008年5月,奥运火炬珠峰传递进入冲刺阶段。而严冬冬的名字一直没有在冲顶组和支援组的名单中出现,这意味着他是一名接应组的成员,只需要做好接应工作。严冬冬坦然地接受了任务,他觉得这已经很光荣了!当他们到达8 300米营地后,由于严冬冬良好的状态和不屈不挠的精神,火炬传递小组决定让他参与登顶,严冬冬不负众望,顺利登上了世界最高峰。

严冬冬曾说:"这两年来,我最大的收获不是登顶世界最高的珠穆朗玛,而是收获了周鹏——这个一辈子都可以信赖的登山搭档。"严冬冬和周鹏是一对登山组合,他们非常默契,但在生活中,也没少因某个技术细节、某个观点而"争吵"。他们在"争吵"中切磋技术,在"争吵"中取长补短,在"争吵"中共同进步。当严冬冬在登山的路上越走越远的时候,死神却悄然跟上了他。2012年,严冬冬、周鹏和另一位朋友开始攀登天山。

据周鹏回忆,7月9日,当严冬冬在18时15分掉进暗冰裂缝后,周鹏和另一位同伴立刻开始了救援行动。当日

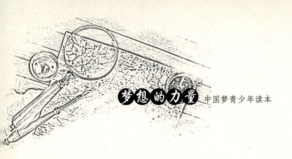

22 时以后,严冬冬已经对二人的呼喊不再有回应。可周鹏和同伴不愿放弃,仍然拼尽全力施救。到了 23 时 30 分左右,救援绳索的绳皮磨破了,救援装置无法继续工作。救援被迫停止。7 月 10 日早上,周鹏和同伴再次努力与严冬冬交流,都没有得到回应。11 时,营救完全停止。严冬冬就这样离开了人世,长眠于天山。登山是一项危险的运动,严冬冬没有回避可能发生的一切,他曾在微博里说:"作为成年人,如果我自愿决定参与某一次登山活动,那么应当为这一决定负责的只有我自己。"

有人为他扼腕叹息,有人替他不值。但是严冬冬曾说过,"一个年轻人,一定要登上一座真正的山峰,虽然在登山的过程中有很多艰难困苦,但是登顶后的快乐却不是能用言语表达的。如果没有喜欢上登山,可能我的生活会很不同。但我喜欢上了,而且幸运地发现,登山与自己很契合。""登山会是我一辈子都要做的事情。"有人说,幸福就是做自己爱做的事,从这个意义上说,严冬冬用生命追求自己的梦想,他是一个幸福的人。

知识链接

清华大学登山队 清华大学登山队成立于1990年，依托于清华大学山野协会，是山野协会的中坚力量。清华大学登山队队员的选拔极其严苛。每年暑假，登山队的队员都有机会参加大型的雪山攀登和科考活动。

* * *

我对未来的梦想很简单：可以自由自在地去登山，自由自在地安排生活。

——严冬冬

当过"掉头兵"的探险家

2001年10月,人们几乎每天都能够从新闻节目中看到中国记者发自北极的消息。中国将建设中国第一座北极科学探险考察站,这个站建成后,将在连续监测、食宿、通信等方面为中国科学家提供为期3年的科学考察和探险的支持。这些消息,中科院遥感所研究员刘少创不知看了多少遍。但令人惊讶的是,刘少创却在北极科考站建成之前,风尘仆仆地孤身一人从北极回来了!如果有科考站的支援与协助,北极探险将相对容易,可是刘少创却用无与伦比的勇气,独自面对困难,解决问题,成为单人徒步无后援闯北极的第一个中国人。

这样一位有信心也有决心的冒险家也有一个遗憾,那就是在通往北极点的路上当过"掉头兵"。刘少创这一路

披荆斩棘,克服了很多困难,可让他掉头的真正原因竟是两个炉子。

从 2001 年起,刘少创便开始为这次北极探险做准备。雪橇、帐篷、睡袋、雪地靴、太阳能充电器、燃油炉等探险器具以及一些科考设备都是经他反复比较、精心挑选的。因为采取的是无后援的探险形式,在一切准备就绪,刘少创便拖着这些重约 160 千克的装备上路了。

这一路上,刘少创还经历了生死考验。一天,一只饥饿的北极熊盯上了刘少创。北极熊是北极唯一威胁人类生命安全的动物,因为它会吃人,刘少创不得不暗自感叹自己的运气差。刘少创期望这是一只"没有耐心"的北极熊,跟一段时间以后就会知难而退。但是,刘少创没有想到,这是一只有着"不屈不挠"精神的北极熊,整整跟了他一天。看着北极熊伺机而动的样子,刘少创直冒冷汗。那个晚上刘少创的眼睛瞪得像灯泡一样大,虽然他疲惫不堪,但是丝毫不敢懈怠。刘少创决定将北极熊吓跑,于是他从包裹里取出信号枪,朝天开了一枪,却不承想,刘少创碰到的是一只饿极了的北极熊。饥饿战胜了恐惧,枪响后,这只北极熊一点退缩的意思都没有。实在没有办法了,刘少创只得从包里取出步枪,用自己并不精湛的枪法

以及为数不多的子弹将这只北极熊吓走了。看着掉头离开的北极熊，刘少创长舒了一口气。

如果说遭遇北极熊还不是最危险的事，那么从冰裂缝里爬出来可真算得上是死里逃生。日本探险家河野兵一是一位极富北极探险经验的人。1997年他完成了单人抵达北极点的壮举，却在返回的途中掉进冰裂缝，不幸遇难。刘少创在北纬88°30′左右的地方遇上了大范围的冰裂缝。他沿着冰裂缝一直向前行走，希望能够跨越冰裂缝，但是走了许久都没有找到可以通行的路。当时，已经有些焦急的他，发现了一条宽10米左右的冰裂缝，他觉得可以过得去，为防万一，他先用杆子捅了捅冰块，没发现异样，就放心大胆地迈开了第一步……

但是，他的一只脚刚踩下去，还没等他反应过来，另外一只脚也突然跟着下沉了，鞋子瞬间就灌满了水。他不由得挣扎起来，但是情况越来越糟糕，四周的冰也裂开了，水位逐渐上升，如果到了腰部，那可就完了，而且一旦衣服开始充水，整个人的分量就会加重，况且刘少创的身上挂满了沉重的装备，还拖着一个100千克重的雪橇。他不敢再多做挣扎，告诉自己要冷静。

　　几分钟内,刘少创感觉冰冷的海水温度上升了。这是因为人在突然遇到低温时,血液循环会加快,整个身体暂时处于一种补给热量的状态。这个阶段过后,当人再次感到冷的时候,那就说明身体已经快支撑不住了。刘少创迅速地解下身上所有的东西,开始慢慢地向上爬……万幸的是,几分钟后他竟然从冰裂缝中脱了身。他在冰面上搭起帐篷,脱掉湿衣服,换上备用的衣服,立即钻进睡袋。当他做完这一切的时候,冰面已经合上了,"咔咔咔……"的声音就像鞭炮声一样。

　　可是,逃过生死劫的刘少创,为什么还会当"掉头兵"呢?原来为了保证探险的顺利进行,刘少创带了双份必需品。比如说生火做饭的锅,没有锅吃不上热饭,喝不了热水,而在冰天雪地的北极如果不摄入热量,一切都是无法继续的。可是,事不遂人愿。一天,刘少创走得太累,就找了个地方搭起帐篷,准备休息一下。可在做饭时,他不小心点着了泄漏在帐篷里的燃料,火苗蹿到帐篷顶,吓得刘少创一下子跑出了帐篷。他出来一想,不对,重要的通信设备都在帐篷里,如果烧坏了,就再也联系不到基地,那就意味着自己没法走出北极,只能死在这里了。于是他又冲回帐篷,也不管火势大小,拿起睡袋就往火上拍打。好在

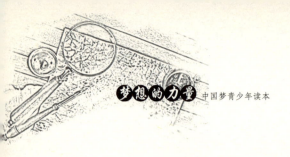

睡袋够结实,在被烧了一个大洞后,也把火扑灭了,但仅剩的一个炉子也坏了。

经历了18天的冰上探险后,刘少创到达了北纬82°40′的地方。可由于两个炉子都坏了,他被迫联系了俄罗斯的直升机,回到了哈坦加岛。稍做调整后,他再次出发,这一次,他让直升机把自己放在了北纬88°的地方。又经过了18天,他终于到达了地球最北端:北极点。此时,距离他第一次出发已过去54天。当过"掉头兵"的他,因为在"掉头"后得到了很好的休息,所以第二次走得轻松了不少。

随着时代的发展、科技的进步,想要到达北极点有不少较为方便的选择。但是,刘少创却选择了既费时又危险的徒步行走的方式。对此他解释道:"徒步行走可以最大限度地获取对北冰洋的直接认识,沿途可以做一些很细致的科考工作,采集一些数据,如海冰厚度、海冰漂移、温度、风力、气压等,为以后做遥感和大规模的冰上考察积累原始数据,这是乘飞机和坐破冰船所实现不了的。"

刘少创选择了徒步,选择了独自前行,尽管曾在探险途中"掉头",但他那颗满怀理想向着科学研究进发的心却从未"掉头",并将一直执着前行。

北极熊 北极熊是世界上最大的陆地食肉动物,属于哺乳纲。北极熊的视力和听力几乎与人类相当,嗅觉极其敏锐,是犬类的7倍,奔跑时最快速度可达每小时60千米,约是世界百米冠军的1.5倍。

❋ ❋ ❋

凡事欲其成功,必须要付出代价:奋斗。

——[美]爱默生

智山慧海传真火

1982年,美国哥伦比亚大学授予冯友兰名誉文学博士学位,冯友兰写下这样的诗句以明志:

智山慧海传真火,

愿随前薪作后薪。

诗句是对冯友兰传承与发展中国学术、中国哲学的真实写照。

1895年12月4日,冯友兰出生在一个远近闻名的书香之家。他的祖父一生虽然没有取得任何功名,却作得一手好诗,父亲是清代光绪年间的进士,伯父、叔父都是秀才。冯友兰7岁进私塾读书;1909年,冯友兰考取了中学;1912年到上海进入中国公学的大学预科班,其间,冯

友兰对逻辑课产生了极大兴趣,在逻辑学习中进而对哲学产生了兴趣。从此,冯友兰便向着哲学治学之路走去。

1941年的西南联合大学,是由北京大学、清华大学和南开大学三所大学组成。而这三所大学的文学院院长都是哲学系的教授:清华大学的冯友兰,北京大学的汤用彤,南开大学的冯文潜。他们都没有哲学系教授的严肃劲儿:冯友兰留着很长的胡子,头发也比较长,喜欢穿长袍马褂,从背后看像道士;汤用彤个子比较矮,胖胖的,光着头,从背后看像和尚;冯文潜的头发比较长,个子又矮,从背后看像尼姑。学生们将他们三个人合称为"一道、一僧、一尼"。据当时的学生回忆,因为冯友兰名气大,所以他的课经常有100多名学生来听,不仅有文学院的学生,还有其他院系的学生。但他口吃,常常一边写一边讲,往往是一句话写完了,可还没有讲完。虽然冯友兰讲课口吃,但他能把课讲得很通俗,他不一步一步地进行逻辑分析,而是常常讲一些哲学史上的故事,大家不仅听得很高兴,对于他讲的意思也都体会到了。上冯友兰的课,同学们根本不用记笔记,翻翻书,再想一想,就很容易理解和记住相关的知识。

冯友兰是近代以来中国能够建立自己学术体系的少数几个哲学家之一。他的学术思想不仅在中国现代哲学

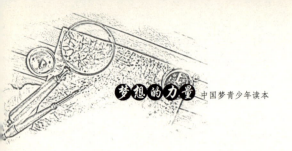

史上占有重要地位,在国外也有很大影响。他为中国哲学史建立了富有思辨性的独特思想体系,他是第一个把中国哲学和西方哲学进行比较研究的人,也是较早地把中国哲学介绍到西方的中国人之一。

但是,冯友兰的哲学主张也给自己惹来不少麻烦。20世纪20年代初期,冯友兰做了两次正式演讲。其中一次是以"秦汉历史哲学"为题,提出了以历史唯物主义的某些思想为基本要素的"新三统五德论"。这是一个地地道道的哲学问题,冯友兰集中论述了社会存在决定社会意识,社会意识反作用于社会存在的观点。但这次演讲却引起了国民党当局的怀疑与不满。第二年,他竟被国民党政府当作政治嫌疑犯逮捕了。国民党此举令全国哗然,各界人士纷纷抗议。迫于舆论的压力,冯友兰在被关押、审查数天后被释放。

冯友兰是一个坚定的爱国者。抗日战争时期,在颠沛流离中,在教学之余,他完成了自己的6本书:《新理学》《新事论》《新世训》《新原人》《新原道》《新知言》的撰写。他把这6本书统称为"贞元之际所著书"。冯友兰这样解释"贞元之际":历史上曾有过晋、宋两朝的南渡,南渡的人都没能活着回来,而中国一定要夺取抗战胜利,大家一定

要活着回来,这就叫"贞下起元",这个时期就叫"贞元之际"。这套著作建立了一个有特色的完整的哲学体系,体现了他从哲学角度参加民族复兴大业的努力。中华人民共和国成立前夕,冯友兰在美国讲学,他感到周围的人们往往把中国古代文化作为博物馆里的东西来研究,自己在讲学时,也仿佛成了博物馆里的陈列品。这让他心里很不是滋味,时常产生一种苦闷感。他常常吟咏王粲《登楼赋》里的两句话:"虽信美而非吾土兮,夫故可以久留?"以此来表达自己强烈的思乡之情。当时,国内的形势是人民解放军取得节节胜利,南京政权摇摇欲坠,有些朋友劝冯友兰留在美国,他却毅然回到祖国。回国后,国民政府派人邀请冯友兰赴南京,被他拒绝了。冯友兰在其著作《新事论》的最后一篇《赞中华》的最后一段中这样写道:"真正的中国人已造成过去的伟大的中国。这些中国人将要造成一个新中国,在任何方面,比世界上任何一国都有过之而无不及,这是我们所深信而没有丝毫怀疑的。"冯友兰对中国的未来充满了信心。

  身为哲人,冯友兰没有将自己幽闭起来,在冥想中探知未知的世界,而是睁开双眼,与当时陷于水深火热中的祖国一起共渡难关!他的《新原人》"自序",让我们看到了

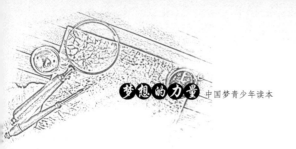

他的内心:"'为天地立心,为生民立命,为往圣继绝学,为万世开太平',此哲学家所应自期许者也。……"

冯友兰努力承担着一个中国哲人的责任,向世人展示了善于思考的中华民族源源不断的活力,而这昭示着中国哲学的智慧"真火"在继续燃烧,而且将燃烧下去。

西南联合大学 西南联合大学简称"西南联大"。抗日战争爆发后,北京大学、清华大学、南开大学迁至长沙,1937年8月合并成立长沙临时大学,设文、理、工、法商四学院。1938年4月再迁至昆明,更名国立西南联合大学,增设师范学院。抗战胜利后,回迁复校。

❊ ❊ ❊

冬天已经到来,春天还会远吗?

——[英]雪莱

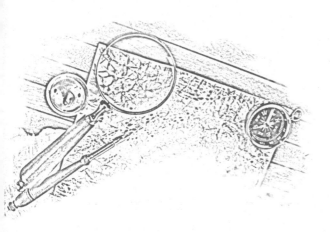

恪守家训的哲学家

绕着北大未名湖畔步行,不久就到了朗润园,汤一介生前就住在这里的13号楼103室。房子灰蒙蒙的,一点也不起眼,既不是小别墅,也不是独门独院。汤一介曾知足地说:"能够住在学校里,每天能绕着未名湖散步,很好了。"他家与寻常人家似乎无异,但踏入他的书房,就会觉得这家主人与众不同,在这间狭小的房子里,从地面直到屋顶摆的都是书。对于这样一位著名的哲学家来说,在这样一间小房子里读书、工作,似乎有些憋屈了。可面对数次留在国外一流大学任教的机会,尽管薪酬、环境都要比国内好得多,汤一介都放弃了。他常说:"活着就意味着责任。""事不避难,义不逃责。"祖父汤霖是这样对父亲汤用

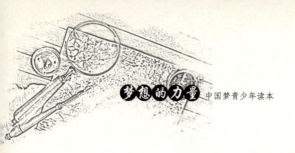

彤说的,父亲汤用彤也是这样对汤一介说的。

汤一介小时候住在故宫博物院附近的南池子缎库胡同。由于汤一介的父亲一直在北大教书,所以他家的生活条件还不错。在汤一介的记忆中,他家的房子很多,有四五十间,他家的院子也格外大,冬天,孩子们往院子里泼水,院子就变成了一个私人溜冰场。

汤一介无忧无虑的童年,因为抗日战争的爆发戛然而止。父亲随北京大学南迁到了昆明;母亲带着汤一介和他的弟弟、妹妹辗转多地,才到昆明。时至今日,汤一介还记得当时的辛苦,他回忆道:"有半年都在路上走。"

1945年1月,汤一介在西南联大的先修班听课,父亲请来西南联大英语系的教授钱学熙教他英文。汤一介跟着钱学熙,接触了他毕生难忘的克利斯朵夫·依修午德的著作《紫罗兰姑娘》。"这本书说的是,我们虽然走得那么近,但是,我们之间的距离是那么的遥远,人与人之间的距离是那么的遥远。再深刻的爱也挽救不了人们的孤独。"当时,妹妹的病逝加上国民党政府的黑暗统治,使少年汤一介开始独立思考一些人生问题,《论死》《论善》等一些展露他哲学天赋的文章就这样被写出来了。这就是所谓的

生活中的真谛吧!

在汤一介看来,人生就像一根蜡烛,可以让它慢慢地烧完,也可以让它很快地烧完,放出更亮的光。他下定决心要很快烧完但是能发出更强光亮的人生。第二年,汤一介考上了北京大学,虽然他对西方文学很感兴趣,但他还是选了哲学专业。他说:"我下定决心要做个哲学家,通过自己的独立思考,来探讨一些宇宙、人生的根本问题。"他领悟到了父亲与祖父说的那句话的含义。

1981年,汤一介在北京大学开课,先教授《魏晋玄学与佛教、道教》,后教授《早期道教史》。他的学生回忆,汤一介的课异常轰动,吸引很多学生来听,连换了3个大教室还是坐不下,最后,为维护正常的教学秩序不得不以发听课证的方式来限制听课人数。之后,汤一介根据《魏晋玄学与佛教、道教》的讲课心得和讲义撰写了《郭象与魏晋玄学》一书;根据《早期道教史》撰写了《魏晋南北朝时期的道教》一书。汤一介大胆提出,必须把"宗教"和"迷信"区别开来,要肯定"宗教"和"非理性"对人类社会生活的意义,而这些探讨均是此前的道教研究很少涉及的,汤一介以他敏锐的哲学家眼光,开新时期哲学研究风气之先。

迄今为止,《郭象与魏晋玄学》和《魏晋南北朝时期的

道教》仍是研究中国哲学无法绕开的著作。

汤一介没有满足于已有的成就。他深知,中国的哲学思想散落于浩如烟海的古籍中,如果想要对中国哲学相关的命题进行进一步的论证和推演,就需要建立严密的体系。于是汤一介开创性地提出了用范畴研究的方法重新描述中国传统哲学。与此相应,他把中国传统哲学的基本概念分成3组20对,从存在的本源、存在的形式和人们对存在的认识等3个方面来勾画中国哲学的观念体系,在哲学方式上促进了中国哲学的发展。

汤一介在年近90岁的时候,仍在辛勤工作。他想把《儒藏》做好,把中国解释学做出眉目来。《儒藏》集中华文化精髓之大成,将儒家文化瑰宝系统、全面地"收藏"。创建中国解释学,要参照西方解释学的理论和方法,对中国注释经典的要义进行系统的梳理和研究。《儒藏》的第一部分是包括500本、9 700多卷、1.5亿字的《儒藏》精华本,需用6年时间,以附有校勘记的竖排繁体标点排印本形式出版;第二部分《儒藏》大全本收入5 000部、10亿字的儒家典籍,至出版需时10年,再加上10卷本《中国儒学史》《儒藏总目》,100种《儒家思想与典籍研究丛书》,完成这一工程总共需16年。有的人问他为什么要耗费十几年的时间

在这部书上,汤一介的回答是:"一个国家、一个民族必须将文化接续下去。"《儒藏》的编写涉及25所大学、300多人的编撰队伍,庞杂的组织协调工作,消耗了汤一介的体力和精神,可他毫不在意,心里总想着《儒藏》。

汤一介先生已经去逝了。他一生恪守家训、心怀理想,为传承中国的传统文化无私奉献,感召着更多的人追随。

《儒藏》 《儒藏》是儒家著作的总汇。《儒藏》一书最初由哲学家汤一介教授提出编纂建议,并得到张岱年、季羡林等人的大力支持与鼓励。这一工程是我国重大的学术文化项目,预计耗资1.52亿元。《儒藏》的编纂,不仅是为了保存文化遗产,还是在新的历史条件下,为中华民族的伟大复兴,为人类文明的多元发展,为不同文明之间的沟通、对话和交流提供一个有别于西方思维方式和价值体系的文明参照系。

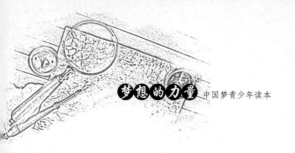

❖ ❖ ❖

梦想只要能持久,就能成为现实。我们不就是生活在梦想中的吗?

——[英]丁尼生

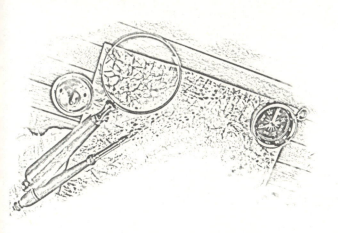

做人做事皆"本真"

有这样一位哲学家,他在半个世纪前创作的《王弼集校释》至今仍然是魏晋玄学研究领域的经典;75岁还奔波于全国各地,在讲台上神采奕奕地授课;他的学生从不毕恭毕敬地叫他"老师",而是叫他"老头子"。这个特立独行的人就是楼宇烈,我国著名的哲学史家、佛学家,他是北大国学研究院教授。

楼宇烈小时候就是一个兴趣广泛、学习成绩优异的好学生。他少年时各科成绩都非常优异,可这却让他在填报高考志愿的时候犹豫不决、难以取舍。巧的是,当时楼宇烈在《毛泽东选集》里看到这样一句话:"哲学是社会科学和自然科学的总和。"原来哲学可以涵盖文理科,楼宇烈豁

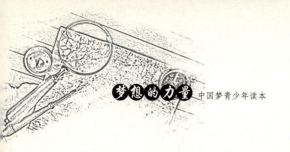

然开朗,毫不犹豫地在高考志愿表上填报了哲学专业。楼宇烈顺利地考入北京大学哲学系,师从冯友兰、任继愈、张岱年等国学大师。1960年毕业后,他就留在北大任教,算起来,到如今已经半个多世纪了。

在他本应最年轻、最美好的时代,他非但没有经历"最美好",反而经历了"最坎坷"。他的大学生涯只正常度过了一半,"反右""大跃进"等运动就开始了。毕业后,楼宇烈的生活也没能立即回到正轨。在那个年代,他进过五七干校、下过乡、当过工人。楼宇烈是一个嗜书如命的人,但就在那段特殊的岁月里,大部分人都只能读《毛泽东选集》和马列著作。让人钦佩的是,楼宇烈并未心灰意冷,他竟然选择了一遍遍地读《新华字典》。他认为,人生在世,有很多东西个人是无能为力的,个人只能在大环境中把握好自己。

楼宇烈始终带着一种开放的思维治学,从不将目光局限在某一领域。在研究哲学的过程中,他发现中国的哲学问题无法离开佛教,于是就转而研究佛学,他主持选编的《中国佛教思想资料选编》影响了国内年轻的佛学研究者。但当别人提起这部著作时,他却坦诚地说:"它过时了。"这

体现了楼宇烈的学术自信和专业态度,也正是在这样的不断反思中,楼宇烈才能始终进步,不断超越自己。没有读过楼宇烈的著作的人,会想象这样一位学识渊博的大师,写出来的文字也一定是语义高深,不是常人所能读懂的。其实不然,楼宇烈认为"学术既要提高,也要普及",因此他在写作中尽量用口语表达自己的观点,而这种平实的表达却让人有"恍然大悟""醍醐灌顶"的感觉。

楼宇烈治学的态度也反映在他选择学生、培养学生上。对于自己的学生,不论是锋芒毕露的还是内敛沉稳的,楼宇烈都喜欢。对于学生们本科、硕士学的专业,他也没有严格的要求。他说:"博通一些更好,'专'要建立在'通'的基础上,有基础者有后劲。"当楼宇烈的学生很幸福,因为楼宇烈给了他们足够的空间,让他们追求自己的学术自由。他说:"我希望学生能够超过老师,所以学生不应该重复老师做过的研究课题,应该有所开拓,甚至于应该做老师没有做过的事情。老师要从方法上给予指导,毕竟'授人以鱼不如授人以渔'。"楼宇烈在强调为学之法和为人之道的同时,更注重言传身教。对此,他的学生曾说:"在楼老师的门下不好意思不用功。"

楼宇烈一直是一个兴趣广泛的人。时至今日，他还是喜欢欣赏诗词书画、传统戏曲、古琴茶道。他创立了北大国艺苑，任京昆古琴研究所所长，在家中开办免费的古琴学习班，还兼任校内外几十家中国文化社团的顾问和指导。他说要将传统文化原汁原味地传承下去。

他的一位学生曾问楼宇烈："据我所知，您对儒、释、道等都有研究，请问您本人信仰什么？"楼宇烈回答说："问到我有什么信仰，我当然有信仰了，我的信仰可以说不是单一的，我觉得不管是中国的，还是世界的，作为一个人，就是要保持人格，信仰就是要铸造一个人格……我的信仰就是做一个真正的人，做有赤子之心的人，要像一个婴儿一样，没有杂七杂八的想法。"这就是楼宇烈，一个做人做事都"本真"的人。

知识链接

古琴 古琴，又称琴、瑶琴、玉琴、丝桐和七弦琴，是中国的拨弦乐器。居"琴棋书画"之首，被文人视为高雅的代表。隋唐时期古琴传入东亚诸国，并为这些国家的传统文化所汲取和传承。近代,古琴又伴随华人的足迹遍布世界各地,成为西方人心目中东方文化的象征。

❋ ❋ ❋

现在这代人往往只注意我们这代人发明了什么,有哪些著作,实际上我们这些人的道德行为对世界的影响从某种意义上来讲更大。

——[美]爱因斯坦

后 记

这套"梦想的力量：中国梦青少年读本"丛书得以出版，首先要感谢北京师范大学出版集团和安徽大学出版社的大力支持与帮助。感谢安徽大学出版社康建中社长不辞辛苦地从安徽赶来北京师范大学参加我们的审稿研讨会，并提出了重要的具有建设性的意见。感谢安徽大学出版社赵月华总编辑，这套丛书从最初的构思、策划，到最终的出版、发行，都凝聚着她的智慧和心血。社长和总编把这套丛书的读者定位在青少年身上，体现了他们对"中国梦"本质内涵的深刻理解，凸显了他们为实现"中国梦"所担负的社会责任感。同时，还应该感谢安徽大学出版社王先斌等编辑，他们在每一本书的编辑过程中都提出了许多宝贵而中肯的意见。

  当然,本丛书各卷撰写者都是在繁忙之中,集中时间和精力,全力以赴地完成书稿的,付出了许多的辛劳和汗水。另外,还要感谢丁子涵、郝思聪、任敏、张悦等几位研究生,他们在查找资料、校对书稿等方面做了大量工作。

  从开始策划到完稿,时间太仓促了,因此难免会有一些纰漏和不足,还请各位读者给予指正!

刘　勇　李春雨
2014 年 5 月